JN119538

やさしい
異文化理解

Cross-Cultural Understanding
for Beginners

加藤優子

三恵社

はじめに

　本書は、異文化コミュニケーションに関する基礎的な学びを通し、学習者が、異なる文化を理解するうえでの手助けとなるよう作成されています。異文化理解について初めて学習する人を対象としています。

　本書には、大まかに2つのねらいがあります。1つ目は、異文化コミュニケーションに関する基礎的な用語などの知識を身に付けることです。

　しかし、異文化コミュニケーションに関する知識というのは、教科書を読み、基礎的な用語を覚えるだけでは終了しません。これらの知識は、実際に異文化間でコミュニケーション活動をし、異文化環境下で行動するときの土台となるものです。

　例えば、あなたが、まるで自分の知っているのとは違う異文化を目の当たりにし、大変な衝撃を受けたとします。しかし、その衝撃を受けている最中に、「ああ、これがあの教科書にこう書いてあったことね。そしてそれには、こうしたらいいと書いてあった」と、冷静に思い浮かべることができるでしょうか。仮に思い浮かべたとして、書いてあった通りに、うまくコミュニケーションをとったり行動したりすることができるでしょうか。

　異文化コミュニケーションに関する基礎的な知識だけでは、実際に異なる文化的背景を持つ者同士が、コミュニケーション活動をするうえで必要となるコミュニケーション力、行動力まで身に付けることはできません。しかも、そのコミュニケーション活動が行われるのは、1つとして同じ場面・状況ではありません。さらに、それぞれのコミュニケーション活動または行動には、「正しい」「間違っている」という正解はなく、とらえ方は無限に広がっているのです。

　けれども、答えがないからこそ、私たちは、少しでもよりよい、より賢いと思われる選択をしたいものではないでしょうか。こんな時にはど

うする？あんな時にはどうするべきか？と、あらゆる場面を想定し、A がだめならB、BがだめならCと、臨機応変に対応するためには、物事を柔軟に、かつ客観的に考える力を鍛えることも重要と考えます。

　そこで、本書は、柔軟かつ客観的に考える力を促すことを2つ目のねらいとしています。異文化理解に関する基本的な知識を、様々な異文化接触場面で駆使できるようになるためには、客観的に分析する練習を行い、コミュニケーションの取り方や行動の仕方について考える力を養うことが必要になるでしょう。そうした力を養う1つの方法として、本書では、ペアやグループワークによる Brainstorming、Questions、Story Analysis、Assignments などを用意しています。もちろん、これらの演習は、1人でも行うことが可能です。

　本書の演習は、批判的思考力を鍛えるディスカッションを中心とした授業を得意とする、イギリスの大学の教授陣の助言を受けながら作成しました。学校や大学、あるいは研修など、どの場合においても、こうしたグループワークを中心とした演習型の授業を中心に利用して頂ければと思います。これらの学びを通し、異文化に目を向け、その理解を深めることのできる学習者を育成することが、本書のミッションと考えています。

★設問の内容とペア・グループによる活動を効果的に行うためのヒント
　① Brainstorming（ブレインストーミング）について
　　自由なアイディア、意見をより多く抽出することが目的で、判断・結論は必要としません。グループで行う場合は、自分1人では気付かなかった意見を聞くことが刺激となり、新たな発想を生み出すきっかけとなります。

② Questions（質問）について

批判的思考や、帰納法・演繹法などの思考方法を用いて説明を求める場合に、この設問を使います。質問によって、どのような分析をするべきかヒントを載せるようにしていますので、参考にしてください。

③ Story Analysis（ストーリー・アナリシス）について

少し長めの物語文の内容を分析するときにこの設問を使います。基本的には、②で用いる思考方法で説明を求めます。

④ Assignments（課題）について

少し大きめのテーマを扱います。調べ学習を必要とする内容なので、いわゆるレポートなどの課題としての扱いが適切と考えます。

　本書で用意されている演習問題は、ボリュームが大きい場合もありますので、適宜内容を分割などして行うことをおすすめします。また、ペア、グループでディスカッション活動を行う時、ある程度の時間を作ることは大事ですが、話し合いがすぐに終わってしまうペアやグループもあります。そのため、開始する前に、終了後にはグループ内で出てきた意見を口頭やノートなど、何らかの方法で収集することを告げるのも1つの方法でしょう。また、活動時間をあらかじめ定めることも有効でしょう。実際にそれを行うことにより、学習者は発言に集中し、様々な意見を共有することが可能になります。

　もう1つの重要な点は、教室の雰囲気作りです。学習者が恐怖を感じるような雰囲気では、意見を表明することができません。なるべく、学習者が意見を発しやすいように、リラックスした雰囲気を作ることが大切といえます。また、意見を表明するとき、失敗を恐れるのは万国共通のようですが、出てきた意見に正誤はない、ということを伝えるようにするのも1つの方法です。また、本書は、少人数から大人数までの

クラスに対応できる内容となっていますが、大教室で行う場合は、可動式の机のある教室が好ましいでしょう。進め方としては、ペア・グループによる演習型の活動と、講義のメリハリを付けることが大切になると思います。

　本書の執筆にあたり、多くの方々のご支援をいただきました。異文化理解に関する研究に賛同してくださった黒岩丈介先生、諏訪いずみ先生、小高知宏先生、小倉久和先生に厚く御礼申し上げます。また、イギリス滞在時、多くの指導と助言をくださった Professor Chris Kyriacou、Professor Ian Davies、Dr Yumi Nixon、Dr John Nixon に心より感謝申し上げます。最後に、三惠社の片山剛之氏には、出版のことで大変にお世話になり、ありがとうございました。

目 次

第 1 章

異文化コミュニケーション の世界

1 ▶ 異文化コミュニケーションへのイントロダクション

　最初に、これを読んでいる皆さんの中には、異文化理解という言葉を初めて聞くという人がいるかと思います。あるいはその逆に、既によく知っているという人もいるかもしれません。知っているという場合は、ひょっとすると、学校の授業で関連した学びがあったかもしれないですし、異文化理解、という科目名の授業を受けたことがあるかもしれないですね。そこで、筆者が想像する、皆さんの異文化理解という言葉に対する気持ちは、大体、以下のようなものではないだろうか…ということで、少し書き出してみようと思います。

> ①「異文化理解って、つまり英語ができればいいんですよね？」
> ②「民族衣装とか外国料理とか交流会とか。もう知ってるし経験してます」
> ③「そもそも、TVやSNSで海外の映像見てるから、十分わかってます」

　学校で、異文化理解という科目もしくは総合的な学習の時間などに、英語の勉強をしていた、という人は、①のパターンが多いのではないのかな、と想像します。それから、②は、学校などで勉強した内容だとか、地域で開催されている交流会などの内容として、色々な国の民族衣装を着てみた、○×国の料理を作ってみた、地元在住の海外出身者を招待して国の話をしてもらった、などという経験があるかもしれません。その場合は、異文化理解はもう知っているし経験しているよ、と思っている人が大多数なのではないかな、と思います。さらに、③については、海外のニュースをはじめ、「○○紀行」や「世界遺産」といったような番

組を視聴している、映像を見ているので、もう異文化のことは分かっているよ、と思っている人も多いのではないかと想像します。

　いずれも、異文化理解という言葉の理解として正しいものと筆者は考えます。けれども、それだけではない部分が異文化理解の学びには含まれています。つまり、上記のような内容だけでは、異文化理解について学びました、あるいは異文化を理解しました、とは言い切れないのです。この本では、異文化コミュニケーションという研究を基軸に、文化やコミュニケーション、異文化間交流の際の心理的な側面について概観していきます。異文化に対する理解を一層深めるため、ぜひ各章の学びに挑戦してみてください。

　それでは早速、異文化コミュニケーションについて、Brainstormingや Story Analysis を用いながら学習を進めていきましょう。まず、下記の枠の中で表示された質問に対し、少し時間を取って考えてみてください。

Brainstorming 1

「海外の人」を想像してみましょう。どのような人を思い浮かべますか？

　いかがでしょうか。どのような人を想像したでしょうか？ペア、あるいはグループで話し合ったり、絵に描いてみたりすると、より具体的にイメージが浮かぶと思います。それでは、次の質問に答えてみましょう。

Brainstorming 2

Brainstorming 1 で想像した人と自分とでは、何が違いますか？

（1）共通点と相違点について考える

①「海外の人」と「違い」

　Brainstorming 2 の回答として考えられるのは、言語、肌の色、文化の違いなどでしょうか。絵を描ける人は、ブロンドに青い目の男性や、褐色の肌の色の女性、あるいは、民族衣装をまとっている人の姿を描いたかもしれません。このように、人々の外見など、**外から見える違い**に注目したことと思います。

　また、中には、生活習慣や食習慣の違い、行動基準の違いなど、**外から見えない違い**に注目した人もいるかもしれません。

　いずれの場合にせよ、「海外の人」と言われると、あらゆる点で自分とは違うという、「違い」が強調されているのではないでしょうか。それでは、次の質問を考えてみてください。

Question 1

　ここに、生まれも育ちも日本のＡさんと、海外出身のＢさんがいます。Ａさんとさんは、英語の語学研修のクラスで出会いました。2 人の英語力はそれほど高いわけではないし、違う国の出身者同士ですが、どういうわけか仲良しです。さて、この 2 人は、どうやって、そして、なぜ仲良しになったのでしょう？

② 共通点と相互理解しようとする心

　私たちはともすると、言語（外国語）を習得すれば、異文化コミュニケーションができると思いがちです。しかしながら、Question 1 では、お互いに言葉による意思の疎通が十分ではないのに、仲良しになった、というのです。これは、なぜなのでしょうか。

　1 つ目の理由としては、私たちが毎日行っているコミュニケーション

活動というのは、**言語コミュニケーション**が全てではない、つまり、100パーセント言葉に頼って成されているのではない、ということがいえるでしょう。

　2つ目は、コミュニケーションを取っている人との間に、何かしらの共通点があるということが考えられます。2人はきっと、2人の間で共通する何かを見出したのかもしれません。もしも、共通する何か ―― 趣味、好きな、あるいは嫌いな物事（歌やゲーム、趣向や食べ物）、ちょっとした経験（行ったことのある場所、失敗あるいは成功談）、考え方や性格、自分と似たような外見など ―― を持っていた場合、あるいは単に「気が合いそうだ」という、何となくの気持ちをお互いが持った場合、2人は何かしらの**個人的な性質、気質**を共有しているといえるでしょう。それはすなわち、コミュニケーションに必要な要素をある程度共有しているともいえるのです。多くのことを共有しているこの2人にとって、言葉の違いは、コミュニケーションを取るうえでの大きな壁にはならないのでしょう。

　それでは、2人はどうやって、意思の疎通を試みたのでしょうか？それは、言語以外のコミュニケーション手段、すなわち、ジェスチャー、相槌、笑顔などといった方法が考えられるでしょう。これはいわゆる、**非言語コミュニケーション**によるコミュニケーション活動です。

　そして、ここでもう1つ重要なことは、この2人には、お互いをもっと知ろう、理解しようという意思があった、ということです。言葉が分かっても、共通点があっても、お互いを理解しよう、意思の疎通をしようという気持ちがなければ、人は、お互いがどんな人かを知り得る機会すらなく、通り過ぎてしまうことでしょう。

　逆に、言葉が全く分からなくても、伝えようとする気持ちは、痛いほど通じるもので、お互いに言葉を補いつつ会話を進めるという場面はよくあることです。なんとか分かってもらおう、分かりたい、という気持

ちは、外国語を学習する大きな動機の1つともなるでしょう。

　異文化コミュニケーションの基本は、お互いを理解しようという気持ち
がとても大切なのだ、ということを覚えていてくださいね。

（2）英語は重要か？

　「異文化コミュニケーション」「グローバル人材」という言葉を聞くと、
日本では専ら、「英語」を連想する人が多いことでしょう。Nishida
（1985）も述べるように、日本人にとっての異文化コミュニケーション
では、多くの場合、外国語を話さなければならない場面が想定されます。
したがって、英語運用能力の重要性は非常に高いといえるでしょう。ま
た、筆者が行った、グローバル時代に必要な教育の内容に関する日本の
大学生の意識調査（Kato、2019）においても、最も多くの回答者（90.0%）
が強調するべきであると答えた教育内容は「外国語教育」でした。英語
運用能力は、住まいや学校、職業の国内外を問わず、これからますます
基本的な能力として必要になってくるでしょう。

　では、英語ができれば、異文化コミュニケーションができる"グロー
バル人"になれるのでしょうか。ここで、以下のQuestionについて考え
てみましょう。

Question 2

先ほどの、生まれも育ちも日本のAさんと、海外出身のBさんのお話の
続きです。2人のクラスメートには、Aさんと同じ日本人のCさんがい
ます。AさんはBさんと仲良しですが、Cさんとは特に仲良しではあり
ません。Aさんにとって、BさんとCさんの違いは何でしょうか？

　さきほど、個人的な性質や気質の中に多く共通点を見出した場合、

2人が仲良くなるのに、言葉はそれほど大きな問題ではない、と記しました。ではここで、言葉だけでなく、生まれ育った文化的背景も共有するにもかかわらず、AさんとCさんは仲良しではない、というのは、なぜなのでしょうか。

　まず、Aさんにとって、Bさんとの間に見られるような共通点が見受けられない、ということかもしれません。次に、仮に共通点があっても、「気が合わない」とか、「気に入らない」とかいった、私たちが普段感じている、この「何となく」の感覚が作用しているのかもしれません。性格の不一致、などとも言えるかと思います。

　さらには、お互いを分かり合おうと思っていないから、このようなことになるのかもしれません。言葉や文化を共有していても、分かり合おうという意思がなければ友達にはならないものです。逆に、何か共通するものを持っていたり、何となく気が合うと思っていたり、お互いを分かり合おうという気持ちがあれば、言葉や文化を共有していなくても友達になり得る、ということなのかもしれません。

　さて、ここで、先ほどの「英語は重要なのか」という話に戻ります。いうまでもなく、Nishida（1985）の述べるように、外国語の習得は大変に重要なのです。外国語を話せなければ、分かり合うきっかけさえ掴みにくくなるからです。しかしながら、外国語の運用能力は、異文化コミュニケーション活動において必要とされる多様な能力の一部、とみなされています。

　言語を共有している日本人同士でも、そりが合わない人とは仲良くしないものです。英語がよくできれば、異文化コミュニケーションが成り立っているように見えるかもしれません。しかし、**良好な人間関係を築**くには、外国語の運用能力が優れているだけでは十分ではないのでしょう。つまり、異文化コミュニケーションは、外国語、特に世界でもよく使用されている英語の運用能力を、意思疎通のための基本的なツールと

してとらえたうえで語られる内容である、ということを頭に入れておいてほしいと思います。

● 伝えようとする気持ち ●

　筆者が数年前に参加した、とある国際学会での出来事です。学会では、通常、研究者らの発表が複数会場で同時進行し、聴衆者は自らの研究に関係する研究者の発表を聴講、出入りは自由、という形が多いのですが、その国際学会は少しユニークで、1つの大講義室に学会参加者全員が集合し、全ての発表を全員で聴講するという形式でした。学会の運営委員の挨拶では、海外出身者にとって英語による発表は困難であろうことに触れ、聴衆者にもその点への配慮を求めていました。そして、発表が進むごとに、気付くと全員が発表者に質問やコメントを出し議論に熱中する、という状態になっていました。

　発表者の中には、博士課程の学生もいました。そして、そのうちの1人は、英語での発表は初めてらしく、とても緊張した様子で発表に臨んでいました。筆者にはその人の英語が聞き取りづらかったのですが、見やすいスライドによって言わんとしていることが理解できました。質疑応答では、質問者は、ゆっくりと、平易な英語で質問内容を伝えようと努力し、また、発表者も一生懸命その質問に答えようと、彼の持ちうる限りの英語力を駆使していました。その場面にいたほぼ全員が、このやり取りを注視し、時には他の研究者が助言をしつつ、分かり合おうという集中力が働いているようでした。

　同じ会場で、別の研究者が発表した時です。とても早口で、スライド

にも文字がずらりと並び、読み終える前にどんどん進み、さらに筆者にとっては研究分野も違ったため、頭の中では星がチカチカしていました。すると、筆者の隣や前に座っていた聴衆者が、「ものすごい早口ね…？」と目をぐるぐるさせていました。筆者には、その発表者は自らの発表のみに集中し、まるでそこには聴衆者がいないかのような、1人で発表の練習でもしているかのように見えました。

　のちほど、コミュニケーションに関する章でも触れますが、コミュニケーションのツールとしての言葉の力はとても重要です。けれども、それだけでコミュニケーションが成り立つわけでもなく、伝えよう、分かり合おうとする努力が大切であるということを示した、対照的な出来事だったと思います。

（3）異文化間能力とは

　それでは、異文化コミュニケーションにとって、最も重要な点、大切な能力とは、何でしょうか。ここで、Brainstormingをしてみましょう。

「世界的に展開している企業で、あちこち飛び回り仕事をうまくこなす人」を想像してみてください。その人には、どんな能力が備わっていると思いますか？

どのような能力があげられましたか？まずは、先の英語の運用能力があがったかもしれません。けれども、前節の（2）の内容を鑑みて、皆さんがあげたのはおそらく、1つ、2つの能力だけではなかったと思います。ここで考えられる能力について、もう少し見てみましょう。

これまで、異文化理解に関する教育をめぐる議論では、外国語の運用能力や海外事情に関する知識だけでなく、ものの見方や世界観、対人関係態度などを含めた能力観が語られてきました（山岸、1995）。

その中で、異文化接触場面における人間間のやりとりに注目し、その過程に関わる能力を包括的にとらえようとする試みがなされました。つまり、異なる文化的背景を持つ人同士が接触する場面において、私たちにはどのような能力が必要となるのかについて、多くの研究者がとらえようとしたのです。その中でも、山岸（1995）、水田（1989）の考えをもとに、大まかにまとめていくと、下記のようになります。

1. 異文化環境下で、仕事や勉学の目的を達成できる。期待されている**職務の達成**能力。
2. **文化的・言語的背景の異なる人々と好ましい関係を持つことができる**。そのためのコミュニケーション能力を含む。
3. ストレスに対処し、個人にとって意味のある生活を送ることができる。**心理的な適応**能力。

これによると、職務、人間関係、心理的な適応というキーワードが浮かんできますね。

　もう少し具体的に掘り下げていきましょう。山岸他（1992）は、異文化間能力をより統合的に、コミュニケーション・スキルより深いレベルで扱い、ある特定の文化ではなく文化一般に対応する能力としてとらえようとしました。そして、異文化コミュニケーションにおいて重要な能力の要素について、山岸（1995）は、カルチュラル・アウェアネス、状況調整能力、自己調整能力、そして感受性という4つの視点から分類し、整理を試みました。ここでは、山岸（1995）と水田（1989）の提案をもとに、筆者の方でアレンジを加えたものを紹介します。

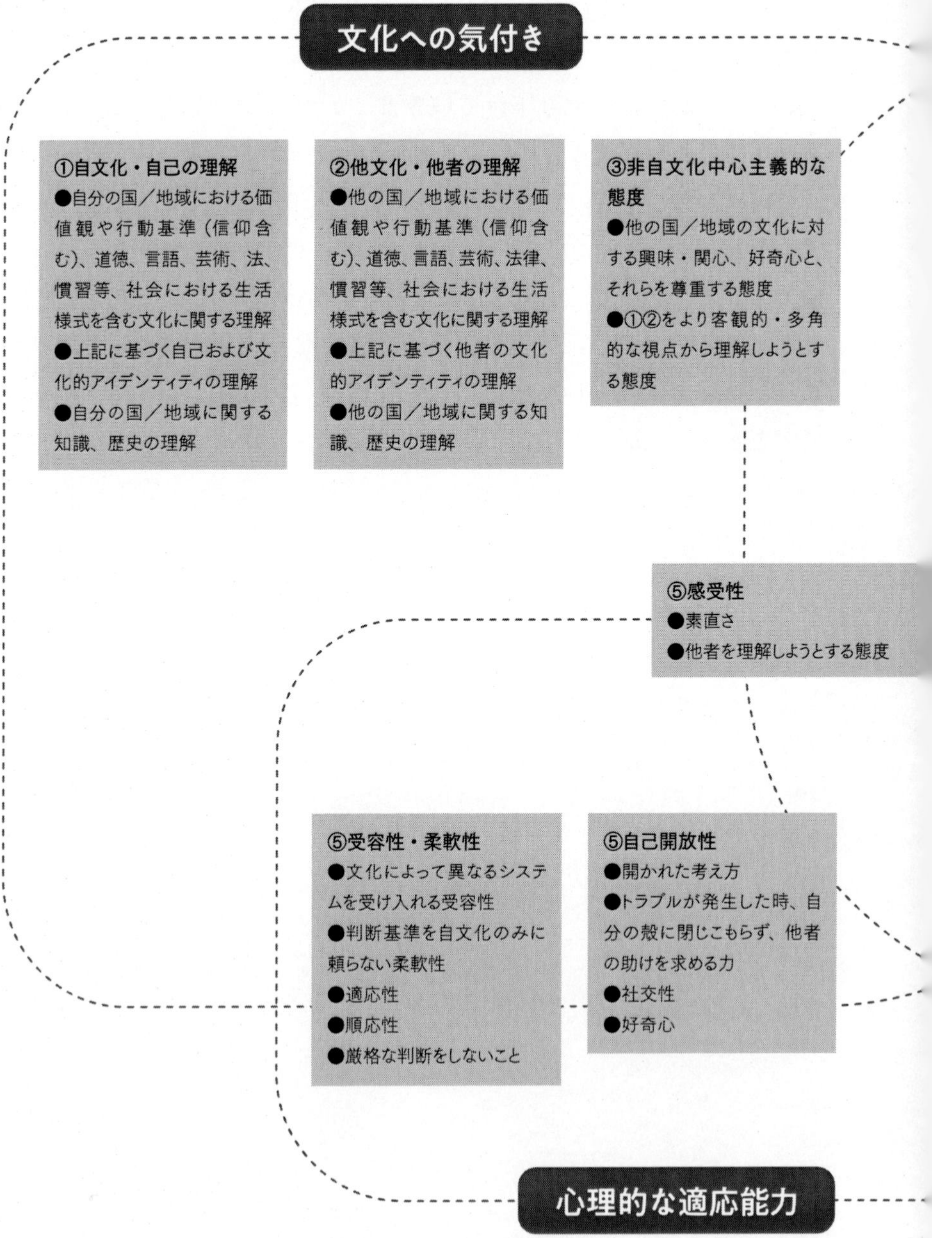

文化への気付き

①自文化・自己の理解
●自分の国／地域における価値観や行動基準（信仰含む）、道徳、言語、芸術、法、慣習等、社会における生活様式を含む文化に関する理解
●上記に基づく自己および文化的アイデンティティの理解
●自分の国／地域に関する知識、歴史の理解

②他文化・他者の理解
●他の国／地域における価値観や行動基準（信仰含む）、道徳、言語、芸術、法律、慣習等、社会における生活様式を含む文化に関する理解
●上記に基づく他者の文化的アイデンティティの理解
●他の国／地域に関する知識、歴史の理解

③非自文化中心主義的な態度
●他の国／地域の文化に対する興味・関心、好奇心と、それらを尊重する態度
●①②をより客観的・多角的な視点から理解しようとする態度

⑤感受性
●素直さ
●他者を理解しようとする態度

⑤受容性・柔軟性
●文化によって異なるシステムを受け入れる受容性
●判断基準を自文化のみに頼らない柔軟性
●適応性
●順応性
●厳格な判断をしないこと

⑤自己開放性
●開かれた考え方
●トラブルが発生した時、自分の殻に閉じこもらず、他者の助けを求める力
●社交性
●好奇心

心理的な適応能力

図1　異文化コミュニケーションに必要な能力（山岸，1995，p.216 をもとに作成）

職務や学業の達成に必要な能力

④コミュニケーション能力
●言語・非言語コミュニケーションの知識
●コミュニケーション・スタイルの違いの理解
●上記2点を使い分け、コミュニケーション活動を通じて、トラブルに対処したり、適切な対人関係を保ったりする力

⑤達成すべき目的（職務・学業）に関する力
●職務や学業に関する知識
●職務や学業の目的に応じ行動する力
●目的を遂行するうえでのトラブルに対処する力

⑥観察力・判断力
●自らが何をすべきか・求められているかを正確に把握する力
●文化ごとに異なる適切な行動のとり方・対人関係のありようを判断する力
●所属する組織に独特の慣習など未知で見えないシステムを理解する力
●トラブルが発生した時の対応を含めた客観的判断力

⑦対人関係を保つ力
●社交性
●④〜⑥を駆使して適切な人間関係を構築する力

●共感する力
●他者に対する配慮

④寛容性
●通常と異なる状況変化に対するショックへの寛容性
●厳格な判断をしないこと

④ストレス・マネジメント
●自らの心身の状態の理解を含めた自己管理能力
●ストレスが掛かった時の自らの心身の反応を把握する力
●状況に応じた、適切な気分転換、ストレス発散方法を探り行動に移す力

とても多岐にわたる能力、資質が重要であると考えられていますね。ここでは、こうした能力・資質を、総じて**異文化間能力**と呼ぶことにします。そもそも、広範囲にわたる異文化間能力を図式化すること自体が容易なことではありませんが、図1の枠組みは、異文化間能力の諸要素と全体像をできるだけ見やすくしたものと考えてください。

　まず、注意したいのは、図1の「文化への気付き」、「職務や学業の達成に必要な能力」、「心理的な適応能力」という3つの枠組みは、山岸（1995）と水田（1989）の提案を基に、便宜上枠にはめ込んでみたものだということです。それぞれの内容をよく読むと、いずれも相互補完的な能力であることが分かると思います。この図を読み解きながら、これはこういったことを示すのではないか、どちらかというとこういう枠組みに入るのではないか、と批判的に考えてみるのもよいでしょう。

　それでは少し、この図の解説をしましょう。まず、図1で示した能力観が、特に「異文化間」接触事態において重要な能力ということを示す根拠となるのが、「文化への気付き」という枠でしょう。文化への気付きにおいては、自分の文化に対する理解が必要ですが、それはより客観的で多角的であり、自文化中心的な思考を回避した理解が必要だとここには示されています。例えばそれは、歴史を学ぶうえで、文化あるいは国ごとの語りの違いを見る、というようなことにもつながるといえるでしょう。

　そのうえで、他の文化に関する知識や理解、そして関心を持つことが重要視されています。ここに、理解という言葉が示されていますが、それは、単に知識だけではなく、異なる価値観や行動様式に至るまでの、異文化接触場面という、より実践的な場面での理解が求められています。留学生、あるいは留学を経験したことのある学生に対する調査では、留学の経験で得たものとして最も多くあげられたのが、異文化・国際感覚であり（日本学生支援機構、2018）、外向性や異なるものへの関心の高

さなどが、海外出身者との良好な人間関係を保つうえでとても重要であるという回答が示されました（プリブル、2006）。12 ページの（1）にて述べた、お互いに理解し合おうとする心というのも、この能力に関連するといえそうですね。

　次に、「職務や学業の達成に必要な能力」を見ていきましょう。ここでは主に、職業や学業の達成のための知識と、それをこなすうえでの人間関係の構築、すなわち他者との接触場面において必要となってくる能力があげられています。言語能力を含めた、高いコミュニケーション能力がここには示されています。

　ところで、異文化コミュニケーションの研究に対する批判として、言語習得が十分になされていれば、異文化コミュニケーションは十分に成立するのではないか、という指摘があります（加藤、2009）。けれども、人とのコミュニケーション活動において、言語的コミュニケーションの占める割合が、全体の 1 割から 4 割程度である（Mehrabian, 1971）という研究があることを考慮に入れれば、仮に言語運用能力が完璧であったとしても、良好な関係を築くためのコミュニケーション能力があるということにはならない、とここでは考えられています。

　異文化接触場面に求められる異文化間能力は、このような能力観から、言語能力に加え、コミュニケーションに関わる総合的な諸能力を項目に含めているといえます。また、そのコミュニケーション能力と相互補完的な能力として、良好な対人関係を築くための要素があげられています。観察力や判断力もあげられていますが、ここでは、特に異文化環境下において職務や学業を遂行するうえで重要な点が述べられています。

　最後に、「心理的な適応能力」の内容を見てみましょう。山岸（1995）はこれを、自己調整能力とし、異質なものに対してどの程度自己を調整して対処できるかの度合いを示す能力と説明しています。異文化接触場面においては、文化によって異なる学習観や労働観などの**価値観**が衝突

し、**カルチャー・ショック**と呼ばれる個人の内面的な心理的葛藤や混乱を引き起こす問題に遭遇することがあるといいます。こうした問題は、異文化に接触している人々の身体的・心理的危機（ストレス）を引き起こすものであり（近藤，1981）、ストレスに対処する力が必要であるといわれています。実際に、心療内科に通院する海外出身者の多さについて言及し、どう対処すべきかを考察した医師による調査もあります（村内、2015）。「心理的な適応能力」は、より心理学的な立場から、異文化接触場面で起こり得るストレスに対応するための能力などをとらえ、異文化間の相互作用において重要となる心理的要素を抽出したものといえるでしょう。

　それではここで、次のBrainstormingを考えてみてください。

Brainstorming 4

あなたが、「世界的に展開している企業で、あちこち飛び回り仕事をうまくこなす人」となるには、自分のどの部分（能力）を伸ばすとよいと思いますか？図1を参考にして、リストをあげたりしながら考えてみましょう。

　こちらのBrainstormingを考えるうえで、どのような能力があげられましたか？自らのどのような所が長けているか、あるいは努力を要するかについて、客観的にとらえることはとても重要なことです。ひょっとすると、自分は世界的に展開している企業で仕事をするなんて思っていない、という人もいるかもしれませんね。そのような場合は、果たして自らが就職しようと思っている企業が、本当に海外となんの関係もないものと言い切れるのかどうか調べてみるのもよいかもしれません。

　ところで、話は少し大きくなりますが、異文化間能力で語られている

異文化とは何でしょうか。文化とは、様々な分野に関わる抽象的で多様性のある概念であるため、その定義は複雑で多様です。「文化」の『広辞苑』（新村編、2018）による定義では、文化とは「①文徳で民を教化すること。②世の中が開けて生活が便利になること。文明開化。③（culture）人間が自然に手を加えて形成してきた物心両面の成果。衣食住はじめ技術・学問・芸術・道徳・宗教・政治など生活形成の様式と内容とを含む」とあります。異文化コミュニケーション研究の分野においては、辞書の分類でいう③にあたる内容を扱うのが主流です。

　けれども、近年の異文化コミュニケーションの研究領域においては、異文化を年代間や個人間の異質性まで解釈を拡大させた、企業内における異文化コミュニケーション（鈴木他、2009）、日常的な対人関係における異文化コミュニケーション（八代・山本、2006）に着目した研究も進められています。

　このように、ここでいう「異文化」を、「様々な異質性」ととらえたとき、異文化間能力とは、人とのかかわりにおいて必要な能力の全般を指すものといえます。先の図1において、すべての能力と関連する場所に位置づけられている「感受性」の内容が、必ずしも異文化間を前提とするものばかりではないのもそのためでしょう。

　異文化間能力は、外国語や、異なる文化の人々のことを学ぶだけで身に付くものではない、ということが分かってきました。この2つの学びだけで、仕事や勉学をこなし、良好な人間関係を築き、心理的ストレスにも耐えうる、とは考えにくいですね。また、こうした能力を、一朝一夕で身に付けようというのも少し無謀に思えます。しかし、私には異文化間能力がないから海外では働けない、勉強できない、などと考えてはいけません。図1に示したものは、あくまでも完成に近い形であり、誰もが様々な経験を通し、このような異文化間能力を形成していくものと考えればよいでしょう。まとめていくと、**異なる文化であれ、異質性**

であれ、違いを相対的にとらえる世界観、新たな価値観を創造する力などの、全人的な資質および人間性に関わる能力を有することが、異文化間能力の定義となるといえるでしょう。

Assignment 1

あなたに、日ごろ、家庭・学校・職場で、意思の疎通等が難しいと感じる人がいたとします。その人とうまくいかない自分側の原因は何だと思いますか？そして、自分のどの部分をよくすれば、改善すると思いますか？図1を参考に考え、まとめてみましょう。

（4）日本人が重視するべきこと

ここでは、日本に住む人々が、これから異文化理解について学ぶうえで、特に注意すべき点について述べて行きたいと思います。まず、次のQuestionを読んで考えてみてください。

Question 3

大学生のAさんは、通学途中です。駅前の地図の前で、スマートホンと地図を読み比べ、きょろきょろし、いかにも困っている様子の海外出身の女性Bさんがいました。Bさんは、地図を必死に眺めていますが、どうやら日本語は分からず、示されている英語でも十分ではないようです。ここは、海外出身者が多く在住している地域で、Aさんはこの地域出身であり、英語を話すことに特に抵抗はありません。大学の授業開始まで時間的余裕はあり、急いでもいません。でも、AさんはBさんを無視して、電車に乗り込みました。

　このQuestionのAさんは、地元のことをよく知っていて、言葉の問題もありません。質問①については、そういう人もいるでしょう、という意見や、Aさんは冷たい人なのではないか、といった意見があるかもしれませんね。また、海外に1人で来ているくらいなのだから、自分で何とかするだろう、あるいは、これだけ大勢の人が通っている駅なのだから、誰かが対応するだろうと思った、と想像したかもしれません。質問②については、Aさんと同じように振る舞うと思う、助けたいと思う気持ちはあるが、恥ずかしくて声を掛けられないと思う、等々、色々な回答があったと思います。ではもう1つ、続きのQuestionを読んでみてください。

Question 4

　Aさんはそのまま電車に乗り込みます。混んでいて、自分が最後の座席を確保できました。安心して友人とラインをしようとしたところ、Aさんの前に、杖を突いた年配の日本人女性Cさんが立ちました。Aさんは、「どうぞ」と言って、席を譲りました。

■ 質問

① Aさんのことをどう思いますか？

② もし、あなたがAさんなら、どうしますか？

さて、先ほどのAさんですが、どうやら冷たい人、というわけでもないようです。また、声をかける恥ずかしさをおさえ、手助けをしようという勇気の持ち主でもありました。そしておそらく、これを読んでいる皆さんの中にも、Aさんの行動について、自分もそうする、と思った人がいたことでしょう。それではなぜ、このお話のAさんは、年配者に席を譲る優しさ、声をかける勇気があるのにも関わらず、最初のお話では、Bさんを無視したのでしょうか。

　これらのお話は、いずれも状況は違いますから、はっきりとした比較は難しいといえます。ですが、1つの考え方として、BさんもCさんも、社会的弱者というくくりにあてはまるといえるのではないでしょうか。Bさんは日本語が読めない、Cさんは身体能力が劣ってきている、という状態です。「Cさんは、足を引きずって身体が辛そうだ。助けよう」という心がけは大変に結構です。しかし、「Bさんは、言葉が分からず困っているようだ。助けよう」とは、どうやら思わなかったようです。なぜなのでしょう。

　ここでは、私たちが、これから異文化コミュニケーションについて学ぶうえで、特に注意すべき点について述べてきたいと思います。上記の問いの解答とはいえませんが、考えるヒントとなるでしょう。

　ここに、1つの調査結果があります。この調査は、日本とイギリスの大学生・教員を対象に、グローバル時代[1]における中等教育に関する意識調査を行ったものです。大学生を対象としたアンケート調査では、

1　この調査でいうグローバル時代とは、全人類が地球規模において取り組むべき問題が頻発し、それらの諸問題、すなわち環境問題、貧困と開発、民族・国家間の紛争と平和問題などにおいて国家間での協議の必要性が増し、科学技術の発達により過去にない速度で情報交換やコミュニケーションを取ることが可能となり、また同時にかつてない多勢の人間が、仕事あるいは余暇の目的などにおいて、迅速にそして広域にわたって移動することが可能となり、またそのことによって様々な国の人々と接触する機会が増え、異文化を持ち合わせる移住者が各国で増加するような時代、のことを指しています（当時の記述をそのまま抜粋しています）。そして、そのようなグローバル時代を生きる現代人、そして将来を担う若者に対する教育について研究するために行われた調査でした。

4つの学校教育の側面（教育の目的、カリキュラムの内容、指導方法、評価方法）に焦点を当てながら、それぞれいくつかの指標・項目を設置して、グローバル時代における教育ではそれらをどの程度強調するか、あるいは削減するかを、5段階による選択肢にて問う内容となっています。

　このアンケート調査結果をここに持ち出した理由は、日本の若者の「多文化共生」に対する意識が、イギリスの若者のそれと比較することでより客観的に示すことが可能だからです。ここでは、グローバル時代の教育の目的に関する項目の中でも、「文化」に関する2つの質問と、その結果を示しましょう。

Question 5

以下の図から、何が読み取れますか？分析しつつ、話し合ってみましょう。

★図表の読み方ヒント
それぞれのグループの特徴は何か？何が最も多くて、何が最も少ないか？なぜそのような結果になっているか、どのような要因が推測できるか？その推測の根拠は何か？

① 他の国々、他の文化について学ぶこと

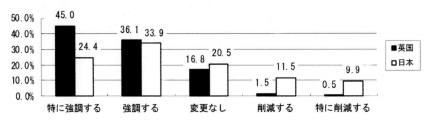

② 国内に在住する海外出身者の文化について学ぶこと

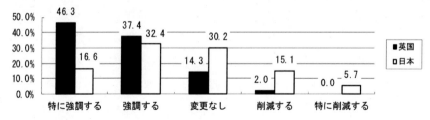

図2　日本とイギリスの大学生のグローバル時代の教育の「目的」に関する意識調査
（グラフは各項目に回答した学生の割合を示す。Kato (2001) より作成)

　概観してみると分かりますが、いずれもイギリスの学生の方が、異な
る文化について学ぶということについて意識が高く、教育の中でより強
調して取り上げることに積極的な回答を示していることが分かります。
なお、上記の日本とイギリスの回答の差は、統計的にも有意な差がある
ことが示されています（Kato, 2001)。

　ここで注目すべき点は、こうしたグローバル時代における教育の目的
に関する項目の設問（全7問）のうち、日本とイギリスの学生の回答
の有意な差が最も大きく現れたのが、②の「国内に在住する海外出身者
の文化について学ぶ」項目に対する回答だったことです。

　すなわち、最も多くのイギリスの学生（83.7%）が強調すべきである
と回答したのは、②の「国内に在住する海外出身者の文化について学ぶ」
の項目であったのに対し、日本の学生はこの項目について強調すること
に最も消極的であり（49.0%）、約半数の学生が「変更なし」、あるいは
「削減する」「特に削減する」と回答したのでした。

　これは、若干古さが否めない調査結果ではあります。実際に、本調査
の20年後、日本の大学生を対象に同じ質問による調査を行ったところ、
上記の2つの質問に対し、かなりの積極性が見られるようになってき
ています。ですが、図2に示した、1999年当時のイギリスの学生の、
異文化を学ぶ高い意識、積極性には未だ及ばない、という結果でした

（Kato, 2019）。

　さて、日本とイギリスの比較は、そう容易にできるものではないということも、ここで少し注意しておきたいと思います。教育を始め、地理的・歴史的背景や、調査の行われた時事的な出来事など、国ごとに異なる事情があり、それらは全て回答に反映されていきます。また、この調査に関連する点からいうと、日本とイギリスの、国内在住の海外出身者の数や属性の違いもあります。この調査が行われた時、イギリス在住の海外出身者（ここでは、イギリス国籍を有していない者という定義に基づきます）は全人口の 4.3%、エスニック・マイノリティという観点による統計では、全人口の 6.4% という数値でした（Office for National Statistics, 1999）。同時期の日本在住の海外出身者（ここでは、外国人登録者、2012 年からは在留外国人という定義に基づきます）は、全人口のわずか 1.4% でした（法務省、2002）。こうした差は、図 2 の結果をある程度説明する根拠となることでしょう。

　このように、日本とイギリスの事情はかなり異なるのですが、私たちは、この調査結果から、何を学ぶことができるでしょうか。

　日本在住の海外出身者は、増加傾向にあります。2018 年の政府による海外出身者の受け入れに関する施策により、今後、さらに増加することが見込まれています（内閣府、2018）。多くの海外出身者を受け入れることに対し、あらゆる局面での整備が急がれる中、私たち一般市民ができることは何でしょうか。そのように考えながら、先の図 2 を読み解くならば、古くから移民を受け入れてきた多民族的・多文化的な社会を形成するイギリスでの調査結果が示したことは、国内在住の文化を理解することへの高い関心が鍵であり、またそのように努力することが重要となってくる、ということといえるのかもしれません。

　最も身近に存在する、国内在住の海外出身者の文化をよく学ばずにして、異なる文化を尊重する態度を身に付けることは難しいでしょう。異

文化とは、全てが受け入れられるものとは限りません。しかし、昨今重要な用語としてよく使われる「多文化共生社会」を実現するには、どう共生できるか、お互い探り合っていく必要があり、それにはまず、異なる文化に関する学びが欠かせないといえるでしょう。そうした学びがあってこそ、自らとは全く違う文化に対する考えを深め、その文化の尊重できる点、あるいは尊重すべき点を見極めることができるのではないでしょうか。しかも、彼らは遠く海の向こうにいるのではなく、隣近所に住んでいるのです。私たちは、まずは国内在住の海外出身者の文化の学びから始めることが大切といえそうです。

　もう１つ、重要なことがあります。ここで、先ほどのストーリーのAさんの話に戻りましょう。Aさんは、海外出身者の多い地域に住み、英語を話すことに抵抗も恥ずかしさもなく、優しい心の持ち主でした。しかし、Aさんは、Bさんのことを言葉の分からない社会的弱者だとは思わず、無視します。ここまで読んできたらお分かりかと思いますが、Bさんを無視した理由の１つとして考えられることは、Aさんの海外出身者に関わることへの関心の低さがそうさせたのかもしれない、ということです。

　どれだけ国内在住の海外出身者の異なる文化を知識として知っていたとしても、それだけでは「共生」することは難しいかもしれません。同じ社会に住む人間として、共生する道を見出せるようお互い探り合っていくには、理解し合おうと心がけ、コミュニケーションを取ろうと努力することが大切となってくると思います。

　このことは、ひょっとすると、外国語を上手く話せない、恥ずかしい、という人にとっては、ハードルが高いことかもしれません。そんな人は、海外へのつながりを持つ友人を作ってみたり、そのような人が集う場所に足を運んでみたりする、というようなことから始めてみてはいかがでしょうか。海外出身者との交流に対し、いろいろな意味で難しさを感じ

る人は、まずは、分かり合おうと心がけ、できるところから行動してみるのがよいかもしれません。

Assignment 2

現在の日本には、全人口に対し、どのくらいの割合で在留外国人が居住しているのでしょうか。その出身国の内訳と、全国でも多く在住している地域、そして、自分の住んでいる地域についても調べましょう。

（5）異文化コミュニケーションの公式は存在しないことを知る

　これまで、異文化を理解するための基礎的な話を進めてきました。異文化間でコミュニケーション活動をするには、外国語の運用能力だけではなく、異文化環境下で目的を達成しつつ良好な人間関係を築き、自身の心理的ストレスにも耐えうるような能力も重要なことが分かっています。また、日本に住む海外出身者への理解から始めることが大切なのではないか、ということも示されました。そして、どの段階においても、異なる文化的背景を持つ人々を理解しようとし、コミュニケーションを取ろうとする心がその根底に必要となってくることを説明しました。

　異文化理解や異文化コミュニケーションに関する基礎的な知識は、教科書を学ぶことである程度身に付くことでしょう。しかし、教科書を勉強したからといって、さきほどの図1に示した異文化間能力が身に付くものでもないということが分かってきたと思います。異文化間能力は、知識だけでなく様々な経験を通して身に付けていくものです。そして、この異文化間能力を鍛えながら異文化間でコミュニケーション活動をするということは、本来、試行錯誤の過程そのものであり、「どれが正しい」という答えはないのです。

　けれども、答えがないからこそ、私たちは、少しでもよりよい、より

賢いと思われる選択をしたいものではないでしょうか。こんな時にはどうする？あんな時にはどうすべきか？と、あらゆる場面を想定し、AがだめならB、BがだめならCと、臨機応変に対応することも必要になってきます。そのためには、異文化を理解するための基礎的な知識に加え、物事を柔軟に、かつ客観的に考える力を鍛えることも重要である、と筆者は考えています。

　正答を見つけるために異文化コミュニケーションを学ぶのではなく、こうした学びの過程を通して、異文化を理解するとはどういうことなのか、自分なりの発見をしていくものだととらえてほしいと思います。

Column 2

● 異文化理解の楽しみ ●

　イギリス留学時代、筆者はたくさんの海外出身者と友達になりました。最初は、英語もままならず、筆者にとっては海外出身者の人と話すこと自体が緊張することでしたので、かなりの勇気が必要でした。けれど、イギリス人のなかでも、とても親切だったり、外国語に興味があったりする学生達とは、ほどなくして打ち解けることができました。

　そして、筆者が最も仲良くなり、お世話になったのは、アジア系の留学生たちでした。香港（当時はまだイギリスの統治下でした）や、台湾から来た学生たちは、とても英語が上手で、しかも中華料理もとても上手です。当時はまだ、中国からの留学生はとても少なかったのですが、性別にかかわらず、とても大きな包丁を器用に使って、まるで職人のように巧みに料理を作っていく姿には、感激したものです。

　筆者が留学していた当時のアジア系の留学生たちは、日本のテレビド

ラマなどをよく知っていて、仲良くなるのに時間はかかりませんでした。ある時、学生寮でほぼ毎日一緒に食事をし、歓談する中で、ふと、筆者は日本語で問いかけ、そして相手は広東語で答えるという、奇妙なハプニングがありました。一瞬後に2人で顔を見合わせ、何となく言っていることは分かったよね、と大笑いしました。そして、お互いにアジア人なのに、英語を使っているというも何とも奇妙だね、と話したものです。

　一方、同じ学生寮に住んでいても、決して交わろうとしない学生もいました。彼らは英語に問題があるわけでは全くありません。1人静かに勉学に集中したかったのかもしれません。人付き合いが苦手だったのかもしれません。

　どんな人と仲良くするかは、もちろん個人の考えによるものでしょうけれど、留学を終え、何十年も経った今の筆者が感じることは、若いうちは何にでもチャレンジしてみるべきだろう、ということです（もちろん危険のない範囲で、ですが）。交流をしようとしなかった人々は、自分の考えや垣根を越えて、少しだけでも話をする勇気があれば、毎日が新発見の日々となり、本当にいろいろな国の人と仲良くできたかもしれず、しかもそういった機会というのは、その時にしかないものなのに、彼らはもったいな

いことをしたものだな、としみじみ思います。

　異文化理解とは、言葉や文化の違いを超え、話し合い、友達を作り、面白くてわくわくするような発見の連続、ともいえると思えます。この広大で深淵なる世界において、安心できる身内ばかりに囲まれ、自分の殻に引きこもるのは、なんだかもったいない気がするのです。

第 **2** 章

コミュニケーションについて

この章では、コミュニケーションに関する基礎的な知識と、特に異文化間で行われるコミュニケーション活動として重要な語句などを身に付けていきます。

1 ▶ コミュニケーションの基礎的な用語と仕組みを知る

(1) コミュニケーションの目的

　最初に、以下のBrainstormingに取り組んでみてください。

Brainstorming 5

本日、朝起きてから今ここに至るまで、誰とどのようなコミュニケーションを取りましたか？

　私たちは、朝起きてから寝るまで、実に様々なコミュニケーション活動を行っています。皆さんの回答の中には、家庭での会話、学校やアルバイト先での会話、また、ソーシャル・ネットワーク（Social Networking Service, SNS）での会話も含まれていたことでしょう。

　では、コミュニケーションとは何ですか、と聞かれたら、皆さんは何と答えますか？コミュニケーションとは会話、誰かと話をすることである、と回答する人が多いかもしれませんね。

　しかしながら、コミュニケーションとは、「文化」の定義と同様、中々に明確にしづらいもののようです。実際に、コミュニケーション学の研究者らによる定義についても非常に範囲が広く、1つの定義でその概念をまとめることは難しいとされています。けれども、異文化コミュニケーションを学ぶためには、コミュニケーションについての基礎的な知

識を身に付けることが大切です。ここでは、異文化コミュニケーションを学ぶうえで必要と考えられるコミュニケーションの話を進めていきましょう。

　最初に、コミュニケーション学において一般的に語られている「コミュニケーションのレベル」を紹介しましょう。コミュニケーションには、人数によって下記の表のようなレベルごとに分類される、という考えです。

表1　コミュニケーションのレベル（石井他、2013、p. 28 をもとに作成）

レベル1	脳の中の情報処理活動である**個人内コミュニケーション**
レベル2	1 対 1 の対話で展開される**対人コミュニケーション**
レベル3	3 人から 10 人程度の人たちによる**小集団コミュニケーション**
レベル4	講義や講演のように 1 人の送り手が多数の受け手を相手にする**公的コミュニケーション**
レベル5	学校や会社のような組織の内外で展開される**組織コミュニケーション**
レベル6	一定の送り手が不特定多数の大衆を相手にする**マスコミュニケーション**

　上の表で、コミュニケーションとして想像しにくいのは、レベル1の**個人内コミュニケーション**ではないでしょうか。表1では、若干固い言葉で説明されていますが、個人内コミュニケーションには、自分自身の思考や感情が含まれます。例えば、朝、起きるなり、身体が重かったとします。すると、「だるいなぁ、今日は…」などと思ったりしませんか？また、1 人で旅行のための荷物を詰めているとします。すると、「ええと、これとそれと、そうだった、あれもいるな」などと、頭の中で思考を巡らせたりしませんか？こうした心の中のつぶやきも、個人内コミュニケーションに当たります。この時点で、コミュニケーションは自分以外の人と会話をすること、という範囲だけではないことが分かりますね。

Brainstorming 5 で考えたコミュニケーション活動は、上のどのレベルに当てはまりますか?

★説明のヒント
各レベルのルールに、Brainstorming 5 のコミュニケーション活動がどう当てはまっているか?

　ここで、八代他（2003）で紹介されたコミュニケーションのメカニズムを元に、コミュニケーション活動について説明をしていきましょう。先ほどの表1の中で示したレベル4には、「送り手」と「受け手」という言葉が出てきますが、これは何を送ったり受けたりするのでしょうか。簡単に言うと、これは、送り手が受け手に伝えようとしている**メッセージ**のことです。そうすると、コミュニケーション活動とはつまり、以下のように、メッセージを伝えること、といえるのでしょうか。

　①コミュニケーションとは、メッセージを伝えることである。

　このように、送り手がメッセージを一方的に伝える場合、一方向的なコミュニケーションといえそうですね。どのような場合がこれに当てはまると思いますか?
　けれども、コミュニケーションとは、一方向的に伝えることだけとはいえなさそうです。例えば、表1にあるレベル2の対人コミュニケーションの場合、その2人の間では、メッセージの授受があることでしょう。つまり、メッセージの受け手は、それに対し、何かしらのメッセージを

送り返していると考えられます。それはたとえると、

　② コミュニケーションとは、キャッチボールである。

　というように、コミュニケーションには、双方向的な面もある、ということになります。それでは、ここで1つ質問です。

　仮に、ここに旧石器時代の人がいたとします（想像は難しそうですが）。彼らが、現代アメリカの広々とした野球場にタイムスリップし、選手がキャッチボールをしている場面に遭遇したとします。彼らにとって、このボールは、何に見えると思いますか？

　旧石器時代の人、というと、歴史の教科書でしか示されていませんが、それによると、彼らは石や槍を投げ、獲物を捕獲していたようです。彼らには、スポーツやゲームという概念はないかもしれません。仮にあったとしても、野球のルールなど知る由もないでしょう。そんな彼らにとって、このボールは、ひょっとすると石、つまり武器に見えるかもしれません。

　話を元に戻しましょう。「コミュニケーションはキャッチボールである」とすると、このボールは、メッセージのことを指します。しかし、このメッセージは、誰にとっても、一様に同じ意味を伝えているといえるのでしょうか。先ほどの旧石器時代の人にとって、ボールは野球というスポーツのボールではなく、武器に見えているかもしれない、と説明しました。

　コミュニケーションもこれと同じで、メッセージ（ボール）は、誰もが一様に同じものとして認識するものとは限らず、私たちは、受け手、あるいは送り手によって、いかようにも判断される多様なメッセージを伝えあっている、ということになります。

　それではここで、以下の話を読んでみてください。

指導教官の変更理由

　私はイギリスの大学の教授で、大学院教育の主任として指導の統括をしています。ある時、1人の留学生が、彼女と同じ国出身の友人を伴い、「私の指導教官を変えてほしい」と涙ながらに訴えてきました。指導教官の変更というのは全くない話ではなく、その多くは、研究の方向性の変更などといった理由です。ところが、この留学生の理由は少し違いました。「私の指導教官は、私の用意したノートを床に置いたのです」と言うのです。私は、全く意味が分からず、もう少し詳しく説明するように促しました。本人は泣きじゃくるばかりでしたが、同伴の友人が説明するには、学生が準備した論文の内容や計画に関わるノートを床に置くなどという行為は、自分の国では考えられない、ということでした。

　納得のいく説明が得られなかった私は、くだんの指導教官に事情を聞きました。すると、その指導教官も困ったような顔つきで、自分の行為の何が問題だったのか、皆目見当がつかない、と言います。その指導教官の研究室は、机に研究資料がたくさんあって、これ以上は全く物が置けない状態です。また、カーペットが敷いてある床にも本や論文が山積みになっていました。その指導教官にとって、床にノートを置くことは、文字通り物をどこかに置くための行為に過ぎなかったのです。

　この指導教官は、その留学生の人格を傷つけるような言動を発したわけではありません。ましてや、論文指導において、留学生の研究内容を否定したり非難したりするようなことはしていません。むしろ、教育熱心でその指導には定評があり、多くの優秀な学生を育成している教授でした。

　この留学生は、指導教官の指導内容や自らの研究内容については、何

のコメントもしていません。この留学生が覚えていたのは、指導内容ではなく、指導教官のたった1つの行為であり、それが留学生の指導教官に対する考えの全てを支配してしまったのです。

▌質問
①ノートを床に置くという行為は、学生・主人公それぞれにとって、どんなメッセージとなっていると思いますか？
②あなたは、この留学生の意見に同意しますか？それはなぜですか？

このストーリーに登場する主人公の教授は、ノートを床に置くという行為を、ただそれ以上でもそれ以下でもない、そのものとして受け取りました。そして、それが指導教官の変更理由にはなり得ないと考えたようです。しかし、留学生は違いました。指導教官の指導内容よりも、ノートを床に置いたという行為を、なにか強烈なメッセージとして認識したようです。おそらくは、その行為は自分たちの国では礼を失する行為にあたるものであり、侮辱的である、といったところでしょうか。そしてその行為を、留学生たちは、自らの国にある1つの考え方を基準に、ノートを床に置いたこの教授は、指導教官としてふさわしくない、と判断したのでしょう。つまり、留学生は、ノートを床に置くという行為を、自らの国にある考え方、あるいは文化風習というフィルターを通して解釈したわけです。そしてその行為は、留学生にとって、侮辱というメッセージとなってしまいました。つまり、受け手により、これほどまでに違う意味づけをされてしまったのです。

ここで、もう1つの例を示しましょう。深谷・田中（1996）は、日本で行われたある研修会で、刑務所とは何か、という問いを参加者に尋ねたときの応答例を示しています。最初は、辞書に書かれているように、

犯罪者を収容する施設、というような回答だったのですが、しばらく話しているうちに、それぞれの立場から見た刑務所についての回答が示されたと言います。以下は、それぞれの立場から見た刑務所の説明例です。

> 「刑務所とは:
> 「私の大切な職場です」(看守)
> 「三食・暖房つきの冬季用のリゾートです」
> (O・ヘンリーの短編小説の主人公)
> 「おたがいのノウ・ハウを教え合う犯罪技術伝習所です」(犯罪者)」
> (深谷・田中、1996、p.7)

　いかがですか。「刑務所」というメッセージは、それぞれの立場によって多様な意味づけがなされることが分かると思います。先の留学生と教授のエピソードの例も、メッセージとは、誰に対しても、一様に同じことを伝えていることにはならないということを示しています。また、指導教官による指導内容という、送り手が伝えようとしているメッセージは全く伝わらず、**送り手の意図しないメッセージが伝わり、受け手により様々な意味づけをされる**ということも示しています。先ほどの、旧石器時代の人の例もこれと同様です。メッセージは、受け手の習慣や考え方、いわゆる文化的な要因などにより、送り手が意図したメッセージとは全く異なる意味づけをされることがあり、さらには、伝えようとしていないことまでメッセージとして伝わってしまうことがある、ということなのです。そこで、以下のような考え方があります。

　③コミュニケーションとは、共同作業である。

　これは、②のように、単にキャッチボールのように交互に役割交代さ

せているというだけではありません。八代他（2003）が説明するように、お互いに、自分の意図したことが伝わるように配慮しつつ、それぞれの意図に関係なく意味づけをしながら、コミュニケーションという共同作業を行っている、という考え方です。

　このような考え方に立つと、コミュニケーションという共同作業には、分かり合おうとする配慮、努力を要するものである、ということになりそうですね。なぜなら、そうした共同作業なしでは、お互いに意図することが伝わるとは限らないからです。

　先ほどの旧石器時代の人は、ボールは武器であるという意味を見出す可能性がありました。それは、キャッチボールをしている選手は全く意図していないことです。しかし、もしも選手が、旧石器時代の人に、あらゆる方法を用いて根気よく説明したならば、これは武器ではなくボールであって、今はスポーツの練習をしているのだ、ということがいつか伝わるかもしれません。そしてそのことは、旧石器時代の人にとっても、理解しようとする努力を要することでしょう。

　メッセージは、送り手の意図に関係なく、受け手のそれまでの経験や文化的背景というフィルターのもと、自由自在に意味づけられ、解釈されてしまうことがあります。そのことを前提に、伝わるよう配慮すること、その過程そのものがコミュニケーションと呼ばれる共同作業である、と考えると、もう少しコミュニケーションについての理解が深まるのではないでしょうか。

（2）コミュニケーション・モデル

　コミュニケーション学においては、これまで、多くの研究者がコミュニケーションのモデル化を試みてきました。ここでは、異文化コミュニケーションを学ぶうえで必要となってくるコミュニケーション・モデルについて概観していきます。

まず、初期のコミュニケーション・モデルとして登場したのは、アメリカの学者シャノンとウィーバーによる、「機械コミュニケーション・モデル」といわれています。シャノンは、工学的な立場から通信モデルを考え出し、ウィーバーはそれを人間のコミュニケーションにもあてはまる、と考えたのです（篠田・磯野、1996）。

図3　シャノンとウィーバーの機械コミュニケーション・モデル（篠田・磯野、1996、p.6 をもとに作成）

　その後のコミュニケーション学研究に影響を与えたシャノンとウィーバーのモデルは、基本的には機械による通信モデルを示したものでした。このモデルは、前節（40 ページ）で説明した、①コミュニケーションとはメッセージを伝えることである、という目的に合致するといえそうです。

　この後、バーロは、これを基軸に、さらに発展させた形で独自のコミュニケーション・モデルを考え出しました（プリブル、2006）。バーロのSMCRモデルと呼ばれるコミュニケーション・モデルは、コミュニケーション学の基礎的なキーワードである、コミュニケーションの4つの基本的構成要素をあげたことが特徴といえるでしょう。

表2.　バーロの4つの基本的構成要素（プリブル、2006、pp. 47-51 をもとに作成）

基本的構成要素	コミュニケーションに影響を与えるもの
・送り手（Sender）	コミュニケーション技能の高低、態度のありよう、話題に関する知識、本人の社会階級・言葉遣い・年齢等と文化との関係
・受け手（Receiver）	
・メッセージ（Message）	内容、構造、言語に代表されるシンボル（記号）の選択
・チャンネル（Channel）	視覚、聴覚、触覚、嗅覚、味覚の五感の選択

バーロの主張では、人間のコミュニケーションは、機械のように単調ではなく、表2にあるコミュニケーションに影響を与えるものによって、より流動的・可変的になる、というところが特徴的といえるでしょう。機械モデルとは違い、言語など、どのようなシンボル（記号）を使うのか、どのチャンネルを用いるのかは選択的であるといいます。コミュニケーション・モデルの研究では、このようにして、より人間的なコミュニケーションのありようが示されるようになっていきました。

　それでは、異文化コミュニケーション研究において紹介されることの多いコミュニケーション・モデルを見てみましょう。先のバーロの師であるシュラムという研究者も、シャノンとウィーバーのモデルについて学び、コミュニケーション・モデルの提案に貢献しました。石井他（1997）は、このシュラムによる円環型モデルとよばれるモデルをもとに、異文化コミュニケーション・モデルを提案しています。

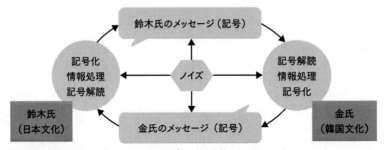

図4　異文化コミュニケーション・モデル（石井他、1997、p.9）

　図4の鈴木さんは、日本文化を背景とする日本人、金さんは韓国文化を背景とする韓国人です。メッセージが記号化、解読される段階で、何かしらの「ノイズ」が発生すると考えられています。ノイズには、文字通り、音を物理的に遮る障害があげられます。しかし、異文化コミュニケーション研究の視点からとらえた場合、両者の間には、価値観や判断、思考や感情などの文化的な違いがあり、そのことが、メッセージを

意図した通りに伝える過程においての障壁、すなわちノイズとなり得る、ということを指します。

さきほどの、「指導教官の変更理由」のストーリーで、イギリス人の主人公の教授とイギリス以外の国から来た留学生は、「ノートを床に置く」という行為に対し、それぞれ全く異なる意味づけをしたことを説明しました。この図4によれば、留学生が、「ノートを床に置く」という行為（メッセージ）を目にした時、留学生の出身国の文化風習という「ノイズ」が働いた、と考えることができるでしょう。また、旧石器時代の人が、野球のボールを武器と解釈してしまう可能性があると説明しましたが、これは、旧石器時代の人が持つ風習がノイズとして働いた、と考えることができるといえます。

ここで注意しておきたいのは、**文化的背景が全てノイズとして働くとは限らない**、ということです。第1章1（3）で説明した、異文化間能力について思い出してください。もしも、個人の持つ文化的背景が、異文化コミュニケーション上で常にノイズとして働くのであれば、異文化コミュニケーションは永遠に成り立たず、異文化間能力も育まれることはないでしょう。こうしたノイズが働きやすい、という仕組みを知り、そのうえで分かり合おうと努力をすることにより、いずれ互いを理解することが可能になるといえます。重要なことは、**個人の持つ文化的背景が、コミュニケーションに影響を及ぼすことがある、ということを客観的に理解**することです。それでは、他にどのようなことが異文化コミュニケーション活動を行ううえで重要になるのか、引き続き見ていくことにしましょう。

（3）コンテキスト

コミュニケーションの基礎を学ぶうえで、知っておくべきもう1つ重要なことがあります。それは、コミュニケーションは、コミュニケー

ション活動のなされる場面、背景、そして人間関係により影響されることがあるということです。それでは、以下の質問に答えてみてください。

Question 7

Aさんは、あることでBさんを叱っています。以下の2つのパターンの会話を読み、（1）AとBの人間関係、（2）会話が起きた場所・場面について、それぞれ考えてみましょう。

①
A：君、このことで注意するのはこれで何度目かな。もう同じ失敗はしないように。
B：すみませんでした。

②
A：お前さ、これ、何度言ったら分かるの？もう失敗するなよ。
B：わりぃわりぃ。

★考えるときのヒント
会話の中のどの言葉を元に人間関係・場所・場面を推測したのか？そう推測する根拠として具体例をあげられるか？

①については、お互いに、やや丁寧な言葉が使われていますね。2人は、おそらく目上と目下、例えば、会社などの上司と部下の関係で、会話が起きた場所は職場ではないだろうか、と想像できるのではないでしょうか。②については、お互いにかなり砕けた言葉遣いなので、2人は友人同士で、場面は学校の教室か部活動かもしれません。あるいは、職場の

同僚同士の可能性もあるのではないか、と想像した人が多いのではないでしょうか。いずれにせよ、①と②の、人間関係や場面はどうやら異なるものである、ということを感じたのではないかと思います。

　伝えようとしていることが同じだとしても、言葉のニュアンスの違いから、それぞれに異なる人間関係と、その場面・背景を想像することができます。この、**コミュニケーション活動がなされる、物理的、社会的、人間関係上の具体的な状況や場のことを、コンテキストと呼びます**。コンテキストとは、どのようなコミュニケーション行動を取るべきか枠組みを与えるものとされ、以下のような例がそれに当てはまります。

表3　コンテキストの例（石井他（1997）；石井他（2013）より作成）

種類	例
物理的な要素	建物などの物理的な環境。レストラン、職場、公の場など。
社会・文化的な要素	コミュニケーション活動の目的や内容に影響を及ぼす社会的な規則や文化的な規範。パーティ、ミーティング、接待など。
人間関係に関わる要素	コミュニケーション活動に関わっている人々の対人関係。上司と部下、同僚同士、先生と生徒など。

　こうしたコンテキストをもとに、人は、コミュニケーション活動内のメッセージに意味づけをしていくと考えられています。例えば、次の図を見てみましょう。

A B C
12 13 14

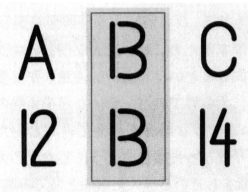

図5　①（宮本、2002、p.245）

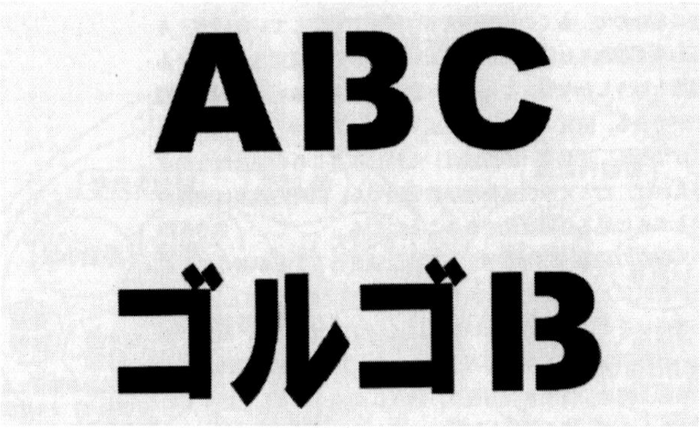

ABC
ゴルゴ13

図6　②（北岡、2014、p.215）

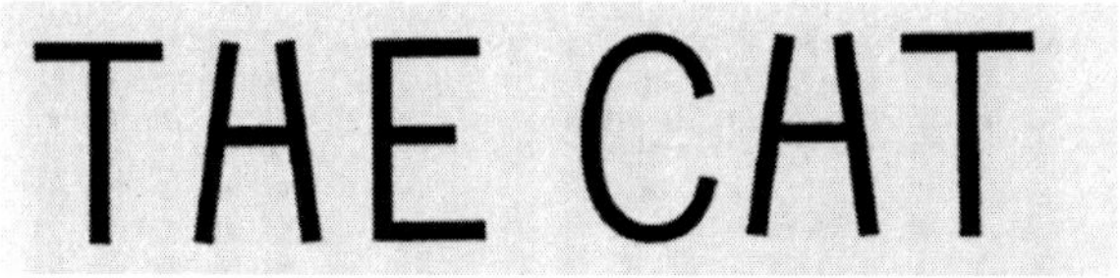

THE CAT

図7　③（福井、1997、p.82）

これらの図は、いずれも心理学の分野における錯視の研究をもとに作成されたものです。①の上段の中央の文字は、前後にアルファベットが並んでいることから「B」と読まれ、下段については数字の「13」と読

むことができます。一方、②では、上段は「B」、そして下段は『ゴルゴ13』（さいとう・たかを著）という作品を知っている人なら「13」と読むことでしょう。しかし、『ゴルゴ13』を知らなければ、やはりアルファベットの「B」と読むかもしれません。同様に、③の図はセルフリッジ（Selfridge, 1955）により示されたものですが、2つの単語の中央の文字は同じ形であるのに、英語を理解するためそれぞれを単語と読み取り、CATと読んでしまったかもしれません。いずれの場合も、「B」や「H」は同じ形をしているにもかかわらず、前後の文脈から判断し文字に別々の意味づけをしている、ということになるのです。この現象は、心理学では一般に文脈効果と呼ばれるもので、①はブルーナーら（Bruner and Minturn, 1955）の研究より指摘されたものといわれています。こうした文脈（コンテキスト）による影響は、コミュニケーション活動上でも起こり得るものである、ということなのです。

　さきほど、コミュニケーションとは共同作業である、という1つの解釈のところで、メッセージは、送り手の意図に関係なく、受け手のそれまでの経験や文化的背景というフィルターのもと、自由自在に意味づけられ、解釈されてしまうことがある、と述べました。しかし、意味づけは、文化的背景だけではなく、そのコミュニケーションがなされた文脈、つまりコンテキストによっても影響されるということがいえます。そして、実は、この**コンテキストのコミュニケーション活動に対する影響は、それぞれの文化により差がある**ということなのです。これについては、コミュニケーション・スタイルのところでしっかりと学ぶこととし、さらにもう1つ、コミュニケーションの大きな要素である非言語コミュニケーションについて見ていくことにしましょう。

2 非言語コミュニケーション

　非言語コミュニケーションとは、文字通り、言葉に頼らずに意図することを伝えることです。異文化コミュニケーション研究の分野だけでなく、コミュニケーション学の全般を学ぶうえでも大変重要な項目ですので、自分自身の非言語コミュニケーション行動を振り返りながら学んでいくようにしましょう。

（1）非言語コミュニケーションの種類と特徴

Brainstorming 6

あなたの知っている「ジェスチャー」には、どんなものがありますか？
知っているジェスチャーと、その意味を話し合ってみましょう。

　ここでは、様々なジェスチャーをあげることができたと思います。ジェスチャーは、身振り手振りでメッセージを伝える役割を果たすものとして日常的によく使われる、代表的な非言語コミュニケーションの1つといえるでしょう。それでは、続けて次の質問へ進みましょう。

Story Analysis 2

　AさんとBさんは兄弟です。ある時、Aさんは私物がなくなっていることに気付き、就寝前にBさんを居間に呼び出しました。2人は、薄暗くひんやりとした居間で、テーブルを挟んで座っています。
　Aさんは、ソファの背もたれてのけぞり、腕を組み、少し上からBさ

んを見下ろすように見つめています。眉毛は吊り上がっていて、口はへの字に曲がっています。

　一方、Bさんは、前かがみになって両手を膝に付き、少し震えたような感じで、Aさんと目を合わさず、うなだれたように下を向いています。

　2人は何も言わず、居間には時計の音だけが鳴り響いていました。しばらくして、Aさんが、ふう、と一息つき、いつもより低い声でゆっくりと言いました。

A：「何か言うことがあるんじゃないのか？」

B：「えっ？ええっと…あー…何か…って？」

　Bさんは、はは、と力無く笑いましたが、その声は、いつもより上ずっていて、顔色は青く、必死に額の汗をぬぐっています。

▌質問

① Aさん、Bさんは、それぞれどんな気持ちだと思いますか？

②①について、この場面のどのような描写からそれを読み取りましたか？

③ Bさんは、Aさんの言わんとしていることを分かっていると思いますか？それはなぜだと思いますか？

　上の Story Analysis 2 では、例えば、野球のバッテリー間で使われているハンドサインのように、メッセージ性の明確なジェスチャーは使われていません。また、AさんもBさんも、言葉によるダイレクトなメッセージも伝えていません。それでも、これを読んだあなたは、この2人の心情を読み取れたことと思います。

　非言語コミュニケーションとして、よく知られているのがジェスチャーですが、他にもたくさんの種類があります。研究者および研究方法によっては、コミュニケーション活動の6割以上（Birdwhistell,

1970)、あるいは、その9割までもが非言語コミュニケーションによってなされている（Mehrabian, 1971）というくらいですから、その種類もとても多いのです。このストーリーにも、たくさんの非言語コミュニケーションの要素があり、皆さんはそれらを全て細かく読み取って、2人の心情を理解したのです。

　非言語コミュニケーションの数の多さから、分類も様々なものがあるようですが、ここでは、日本の非言語コミュニケーション研究でよく紹介されている、ナップら（Knapp et al., 2013）による非言語コミュニケーションの種類を中心に見ていきましょう。なお、専門的な用語や、原文の方が分かりやすい場合のみ英語を併記しています。

表4　非言語コミュニケーションの種類 (Knapp et al. (2013) , pp. 10-14; プリブル (2006) をもとに作成)

	種類	具体的内容
1. コミュニケーション環境（The Communication Environment）		
①	環境要素 （Physical Environment）	建物の様式、椅子やテーブルなどの室内備品や家具、室内装飾、照明、色、温度または室温、バックグラウンドの音楽など。その他に、室内に残された行動の痕跡も含まれる。
②	空間要素 （近接空間 Proxemics）	対人距離、縄張り、集団での室内座席の位置など。
2. 身体的特徴（The Communicator's Physical Characteristics）		
①	身体的特徴	スタイルや容姿、全体的な魅力、身長や体重、皮膚の色、体臭・口臭、刺青など。
②	身体的特徴に影響を及ぼす人口品（artifacts）	被服、眼鏡、かつら、宝飾品、アクセサリーなど。
3. 身体動作（Body Movement and Position）		
①	ジェスチャー	単独で機能するもの（例・OKサインなど）、言語や音声とともに用いられ、強調や補助をするもの。
②	姿勢	前かがみ、低姿勢、項垂れ、緊張して硬い姿勢など。
③	接触行動	撫でる、叩く、抱く、握手するなどの、身体的な接触。
④	表情	怒り、悲しみ、驚き、幸福、恐れ、嫌悪などの感情。

⑤	目の動き	視線、凝視する・注視する・目を合わせるなど。
⑥	発声動作 / 準言語 (Vocal Behavior)	話すときの声の大きさや変化、響き、明瞭・不明瞭な発音速度、間の取り方など。感情や体調から出る笑い声、げっぷ、あくび、飲み込み、うめき声など。間投詞など。
4. その他：時間の使い方		
①	時間学 （Chronemics）	時間のとらえ方や使い方。物事の同時進行性や、優先順位の付け方など。 M-time（Monochronic Time）：用事や物事に優先順位をつけて行う。1つずつ集中し、計画を順守する。 P-time（Polychronic Time）：複数のことを同時に行う。計画をためらいなく変更する。

　それでは、それぞれの内容を概観していきましょう。

1. コミュニケーション環境

　最初に、コミュニケーション環境についてです。人は、コミュニケーションの目的を達成するために、コミュニケーション活動の行われる環境を変えるといいます。ナップら（Knapp et al., 2013）によると、コミュニケーション環境は、人間関係に直接的な影響を与えるものではありませんが、コミュニケーション活動の行われる雰囲気、言葉、そして行動に影響を与えるものとなるといいます。②に示された空間要素ですが、この中の例にある対人距離が、なぜ非言語コミュニケーションとなり得るのでしょうか。近接空間（Proxemics, プロクセミックス）という概念を提唱したホール（Hall, 1966）によると、人は、それぞれ他の人に入り込まれたくない距離があるといいます。そして、その距離は、周囲の状況や、人間関係によって変化していくため、その距離そのものが、非言語的に人間関係などを示すメッセージを伝えていると考えられているのです。

2. 身体的特徴

　身体的特徴は、非言語コミュニケーション研究においても、早い段階からコミュニケーション活動に影響を与える要素として指摘されてきたもののようです。しかし、表4にある具体的な内容を見ても、すぐには非言語コミュニケーションだとは中々分かりにくいと思います。例えば、いつもきちんと身だしなみを整える人が、寝ぐせの付いた髪で現れた場合、どう思いますか？大概が、「あ、寝坊したんだな」とか、「今日はどうしたのかな」などと思うのではないでしょうか。しかし、いつも寝ぐせが付いたまま過ごしている人の場合には、そうは思わないでしょう。

　中でも、相手への印象として強い影響を与えるのが、②の人口品あるいは人工物の使用といわれています。いわゆるTPOに合わせた服装というのも、非言語コミュニケーションの一種とみなされます。

> ### Brainstorming 7
>
> いま、あなたが身に付けている被服や装飾品は、何を物語っていますか？
> 説明してみましょう。

3. 身体動作

　身体動作は、比較的分かりやすい種類ではないでしょうか。ジェスチャーについては、後述する「非言語メッセージの機能と特徴」（石井他、1997）にもある通り、言語と共に使われ、言語を強調するなどの機能を果たす場合と、音声が届かない距離の時、静かにすべき時、恐怖で声が出ない時など、非言語メッセージが単独で機能する場合があるといわれています。

　②以下の説明については、ブル（Bull, 1987）やナップら（Knapp et. al., 2013）の説を紹介しましょう。②の姿勢については、話題に対する

関心の高さや相手との人間関係の度合いを表すといわれています。例えば、前かがみは話題に関する関心の高さ、低姿勢は親しくない者同士という人間関係を示すといいます。また、姿勢には感情がよく表れるとされ、項垂れは悲しみや硬さ、緊張して硬い姿勢は怒りなどが出やすいといわれています（Bull, 1987; Knapp et. al., 2013）。

　ナップら（Knapp et. al., 2013）によると、③の身体的な接触行動の程度は、両者の人間関係を示すものとして、非言語コミュニケーションの一部とみなされています。また、自分自身に向けられたものの場合は、単に話者の習慣・癖や、特定の事情・状況を表すといわれています。自分自身を舐める、つまむ、抱く、つねる、掻くなどの動作もこれに当てはまり、適応動作（adaptors）あるいは自己適応的動作とみなす研究者もいるといわれています。

　④の表情は、感情を表すものとしてよく研究されていますが、表情は、会話の内容に対する反応を示したり、コミュニケーションの流れを調整したりする機能があるといわれています（Knapp et. al., 2013）。

　⑤の目の動きは、それぞれ違う意味を持つようです。例えば、目を合わせる、つまりアイコンタクトをとるのは、一般に親密さと関心を示すものといわれています（御手洗、2000）。また、瞳孔の収縮は、興味や関心の高低や、快適かそうでないか、相手に魅力を感じているかいないかなどを示す、という研究もあるようです（ピーズ・ピーズ、2006）。

　最後に、⑥の発声動作、または準言語とは、言葉の内容ではなく、その言葉がどう伝えられたか、を示すものです。話す速度や間の置き方など、基本的に話をしているときに関わるものと、喉・口・鼻から発せられる生理的なものの2種類に分けられます。「ああ、ええと」などの間投詞もこれに含まれます（Knapp et. al., 2013）。

　次に、非言語コミュニケーションにおいてよく扱われる内容として、時間のとらえ方、および使い方があります。これを表4に挿入しました。

時間の使い方がなぜ異文化コミュニケーション上重要になるのか、以下の質問から考えてみましょう。

Brainstorming 8

ある時、あなたは友達の家に夕食に招待されました。18時に来てね、とのことです。あなたは、友人宅に何時ごろに到着するようにしますか？

　さて、上の質問、いかがだったでしょうか。「5分前に到着するようにする」「2，3分前に到着するようにする」「ぴったりに到着するようにする」等々、さまざまな回答があったと思います。けれどもこれを、「5〜10分後に到着するようにする」と回答した人は、どのくらいいたでしょうか？

　日本での一般的な時間に対する考え方に慣れている人にとって、「5〜10分後に到着するようにする」という選択は、あまり考えないのではないでしょうか。わざわざ、「遅刻」するように行くのは失礼なような気がすると思う人、あるいは、この人は遅刻をする人だ、と思われるのも嫌だ、などと思う人もいるかもしれません。

　異文化コミュニケーションの研究においては、この時間に対する考え方にも、文化的あるいは習慣的な影響があるものと考えられています。例えば、ラテンアメリカの人にとっては、約束の時刻の前後1時間、つまり2時間以内であれば礼儀正しい、とされているといいます（プリブル、2006）。筆者のイギリス人の友人は、イギリスでは一般的に、こういう場合は少し遅れるように到着するもので、その方が相手に対して失礼にならない、ということでした。日本での一般的な時間の考え方からすると、「遅刻」、あるいはもう、約束を反故にしたものと考えてもいいような時間帯が、他の文化においては許容範囲、ということもあるの

です。

　また、時間の使い方として、表4に示した「M-time」の傾向にある文化と、「P-time」の傾向にある文化がある、といわれています。前者は北欧、ドイツ、アメリカに見られる傾向で、後者は中南米、地中海地域、中東、アラブ地域とアジアに見られる傾向だといわれているようです（八代他、2003）。

　さて、このようにたくさんある非言語コミュニケーションの種類ですが、これらの非言語コミュニケーションにより伝わる非言語メッセージには、以下のような特徴があるといわれています。

　　非言語メッセージの機能と特徴（石井他、1997、pp. 60-61）
　1．感情・態度・気持ちを伝えるのに非常に大きな役割を果たす
　2．言語メッセージと非言語メッセージの伝達内容が矛盾する場合、
　　　本音は非言語メッセージに現れる傾向が強い
　3．視覚・聴覚・触覚・嗅覚等の五感を用いてメッセージの授受が行
　　　われる
　4．無意識的にメッセージ伝達が行われることが多い
　5．言語と共に使われ言葉を強調するなどの機能を果たす場合と、音
　　　声が届かない距離のとき、静かにすべきとき、恐怖で声の出ない
　　　ときなど、非言語メッセージが単独で機能する場合がある

　マレービアン（Mehrabian, 1971）は、非言語コミュニケーションの研究の先駆者の1人ですが、彼の研究によると、お互いに向き合って会話をしている時に、送り手の言語と非言語メッセージが矛盾する場合、受け手は、後者の非言語メッセージを信用する傾向があるという調査結果を示しています。また、人々は、意識的・無意識的の両方でメッセージを伝達しますが、上記の特徴4にもあるように、どちらかというと

無意識的に伝達されやすいといわれています（八代他、2003）。

　このように、非言語コミュニケーションは種類が非常に多いことが明らかになっています。コミュニケーション活動の大半を占めるものが非言語コミュニケーションである、ということが少しずつ分かってきたと思います。自分という存在自身も非言語コミュニケーションの要素となり得る、と思うと、コミュニケーションの世界は奥深いですね。

Question 8

さきほどの Story Analysis 2 には、どのような非言語コミュニケーションの種類がありますか？できるだけ多く取り上げ、それぞれのメッセージ内容を考えてみましょう。

★種類をあげるときのヒント
なぜその種類と言えるのか、根拠（具体例）を示しながら説明できるか？
他の種類の可能性はないか？

（2）非言語コミュニケーションの文化的差異

　さて、非常に種類の多い非言語コミュニケーションですが、非言語コミュニケーションには、言語のような国や地域による、あるいは文化による違いがあるのでしょうか？

　まずは、表情についての研究から見ていきましょう。人には、どれくらいの種類の表情があると思いますか？実は、その数は非常に多く、人間は実に「2万種類以上の表情を作ることができる」（Birdwhistell, 1970, p. 99 より筆者訳）という心理学的研究もあるそうです。

　2万種類もあるとなると、途方もないですね。これだけある顔の表情を研究するには、表情の何を知りたいのか、ということを設定してから

考えていくことが必要になってきます。そこで、異文化コミュニケーション研究では、表情には文化的差異があるのか、という切り口から、多くの研究者による調査がなされました。

エクマンとフリーセン（Ekman and Friesen, 2003）は、表情についての興味深い調査を示しています。エクマンとフリーセンは、顔を3つの部位に分け、それぞれの感情によって表情がどう変わっていくかを詳細に分析しているのが特徴です。いくつかある調査のうち、ある一定の感情を示す写真を何種類か対象者に見せ、その表情が示す感情を正しく推測できるかどうか、という実験を行いました。そして、この調査の対象は、アメリカ・日本・チリ・アルゼンチンそしてブラジルの5か国の出身者たちでした。それによると、ある一定の気持ちを表す時の表情については、人種や国籍に関係なく一致した判断ができるということでした。

それでは、表情という非言語コミュニケーションは、万国共通であり、文化的差異はないといえるのでしょうか。上記のような結果を示したエクマンとフリーセン（Ekman and Friesen, 2003）ですが、彼らは実践したその他の実験において、文化的差異があることを示唆していました。これを論じるのにあたり、ニクソン（Nixon, 2009）の行った調査が役立つでしょう。ニクソンは、日本人とイギリス人の非言語コミュニケーション行動の認知に関する比較調査研究を行いました。その結果から、**表情が示す意味は文化を超えて共通するものであるかもしれないが、それぞれの表情を、どういったコンテキストで用いるかは文化によるところが大きい**、と述べています。

例えば、不愉快なことや悲しいことがあったと友人に話すとき、日本人は「怒り」「悲しみ」の表情をせずに、笑うことがあります。笑いは、エクマンとフリーセンが示したように、通常「幸福」を示す表情として共通しているのにもかかわらず、なぜ日本人はそのような表情をするの

でしょうか。

　ティン=トゥーミーは、日本人にとっての笑いは、恥ずかしさや困惑を示したり、不満・不快を隠したり、怒りを抑制したりする機能を持つものであると説明しています（Ting-Toomey, 1999）。なぜそのような機能を持つのかという理由について、ニクソンとブルは、日本人は、自らが伝えようとしているメッセージの内容や情報を伝達することだけではなく、そのコミュニケーション活動がなされている者同士の人間関係や調和にも配慮しているからである、と述べています（Nixon and Bull, 2006）。日本人の場合は、いわば、二重のコミュニケーション活動を行っている、という考え方があるようです。

　その他にも、笑いという表情は、文脈（コンテキスト）によって使い分けがされ、その使い分けのされ方は文化によって異なることが示されています。例えば、アメリカ人は、笑顔で会話を続けるよう教えられているし、ロシア人は交渉のための重要な合図として利用する、という見方がされているようです（Ting-Toomey, 1999）。

　次に、文化的差異が見られると考えられている非言語コミュニケーションの内容として、表4（55ページ）の1.②にあった、対人距離について見てみましょう。

> ### Brainstorming 9
>
> 友人と話をする時、どのくらいの距離が心地よいですか？実際に立ち上がり、向き合って距離を測ってみましょう。

　ホール（Hall, 1966）は、対人距離を4種類に分類しました。それによると、①Intimate Distance：密接距離（15センチから45センチ程度まで）はごく親しい人との空間、②Personal Distance：個体距離

（45センチから1.2メートル程度まで）は相手の表情を読み取ったり、手を伸ばせば掴むことができる距離で、自分と他者の間とを分離する空間、③Social Distance：社会距離（1.2メートルから3.5メートル）は、手は届きはしないものの会話ができる距離で、ビジネス上や知らない人との会話などにおける空間、④Public Distance：公共距離（3.5メートルから7メートル、あるいはそれ以上）は、個人的に会話ができる距離ではなく、公共的な講義や講演などにおける空間、ということのようです。

　この分野の研究においては、ヨーロッパ系のアメリカ人は、個体距離は大体50センチ程度ですが、ラテン系・カリブ系のアメリカ人は、35から38センチ程度といわれています。ティン＝トゥーミー（Ting-Toomey, 1999）によると、サウジアラビアの人にとっての個体距離は、22から25センチといわれ、ヨーロッパ系のアメリカ人とサウジアラビア人が会話をするとき、ヨーロッパ系のアメリカ人は「無礼だな、侵入されているな」と感じ、サウジアラビア人は「よそよそしいな、冷たいな」と感じるそうです。日本人は、北米人よりも対人距離が長く、中南米や地中海地域、アラブ地域は短めの対人距離を持つという研究結果もあるようです（八代他、2003）。

　ホール（Hall, 1966）はまた、表4（55ページ）の3.身体動作の③接触行動における文化的差異についても言及しています。接触行動は、特に触覚・嗅覚の感覚が関わりを持つとされ、接触行動がよく見られる文化では、コミュニケーション活動をするのにあたり、この2つの感覚が必要とされると述べています。一方で、接触行動が少ない文化では、触覚・嗅覚よりも、視覚の感覚の方が重視されていると考えられていると述べています。ティン＝トゥーミーは、フランス、イタリア、ラテンアメリカ、ロシア、アラブ、アフリカの人々はより接触行動が多く、アメリカ、カナダ、北ヨーロッパ、ニュージーランド、オーストラリアは

中程度、ドイツとデンマークは中程度か少なめで、中国、韓国、日本などの東アジアは接触行動が少ないという調査結果があると説明しています（Ting-Toomey, 1999）。

　視線にしても、文化的な解釈が異なる場合があると考えられています。欧州では、会話をしている時間のうち、6割がたはアイコンタクトをしながら相手と話をするという研究結果があるとのことですが、このアイコンタクトの時間が長いと、日本を含む一部のアジア諸国、また、南アメリカでは、軽蔑しているとか軽視している、などという解釈もあり得ると言われているのです（ピーズ・ピーズ、2006）。

　また、表4（56ページ）の3. 身体動作の⑥発声動作/準言語の使い方の違いについて、筆者は、心理学研究者のイギリス人の友人に指摘されたことがあります。会話をする時、日本人は往々にして目を合わさず、必ずと言っていいほど相槌を打つが、これだと話を辞めるようにせかされている感じがする、と言うのです。そこで、やはり同じ心理学の研究をしていた日本人の友人と、日本人は相槌がないと、どちらかというと心配になってくるように思う、と説明すると、欧米ではどちらかというと黙って聞くのが良いとされているように思う、と説明してくれました。

　このように、非言語コミュニケーションは、文化的な差異があるものとみなすことができるといえるのです。意識的であれ、非意識的であれ、非言語コミュニケーションが万国共通であるならば、コミュニケーション障害は生じないことでしょう。しかし、**コミュニケーションの多くを占める非言語コミュニケーションは、多かれ少なかれ、それぞれの文化による影響を受けており、また、それぞれの文化的特徴を示すものである**ということを理解しておくとよいでしょう。

　さて、コミュニケーション活動の多くを占める非言語コミュニケーションですが、これまでの研究により、次のように、非言語コミュニケーションを理解し相互理解を成功させるヒントが示されていますので、

確認をしておきましょう。

① 解釈を急がず、一息おいて観察することです。心理学ではこれを、判断留保（エポケー）と呼ぶようです。非言語メッセージは、文化の影響を受けてはいますが、個人により異なってくるものでもあります。思い込みによる早まった解釈をしないことが肝要です。
② 自分の持つ非言語コミュニケーションに気付くことも重要です。それは文化的でもあり、個性的なものでもあるでしょう。分からなければ、自分がよくするしぐさについて身近な人に聞いてみるとよいでしょう。
③ 相手の非言語コミュニケーションを知ったうえで、状況に応じ、それに合わせることもいとわないことです。その方が確実に人間関係を深めることができる、あるいは、何かしらの目的を達成する手助けとなると判断したなら、そうすることもコミュニケーションを成功させる1つの手段となるでしょう。

（八代他、2003、p.153 をもとに作成）

　こうしたことは、一朝一夕で身に付くものではありませんが、日々このようなことに気を付けながらコミュニケーション活動を行うと、非言語コミュニケーションを含めたコミュニケーション活動が、文化的な影響を受けているものと、そうでないものについて、より客観的に観察することができるようになると思います。

Question 9

あなたは、ある暑い日、アメリカ人の友人と電車に乗りました。すると、電車には、真っ黒の長袖スーツを着た若い日本人女性が数人乗ってしま

した。彼女たちは一様に、黒々とした髪を後ろで1つに結わえ、大きめの鞄も靴も、全て黒で統一しています。うっすらとお化粧をしているようですが、その表情はみな硬いように見受けられます。

■ 質問
① この女性たちが何をしているのかを、あなたは想像できますか？
② この女性たちのことを、海外出身者はどう想像すると思いますか？
③ ②の反応に対し、あなたはどう説明しますか？

★考えるときのヒント
① なぜ想像できるのか、根拠と具体的な例を示せるか？
② 海外出身者の想像に対する自分の仮説の理由を具体的に説明できるか？
③ ②で立てた仮説の根拠を示しながら自分の説明内容・方法の理由を示せるか？

3 ▶ コミュニケーション・スタイル

　これまで、コミュニケーションの基礎的な話と、コンテキストや非言語コミュニケーションなど、コミュニケーション活動に関する要素を見てきました。そして、これらはいずれも、多かれ少なかれ、文化的影響を受けるものである、ということでした。

　文化的差異は、コミュニケーションのスタイルそのものにも影響があ

ると考えられています。ここでは、それぞれの文化がどのようにコミュニケーションのスタイルに影響を与えているのかを見ていきましょう。

(1) 高コンテキスト・低コンテキスト

　コンテキストという言葉は、本章1（3）のところで既に学んだ通り、コミュニケーション活動の行われる物理的、社会的、人間関係上の具体的な状況や場のことを指し、どのようなコミュニケーション行動を取るべきかについての枠組みを与えるもの、ということでした。

　コンテキストからの影響の度合いの高低差には、文化的差異が表れるものである、と最初に提唱したのはホールでした（Hall, 1976）。高コンテキストによるコミュニケーション活動とは、社会的背景や人間関係などのコンテキストや、非言語コミュニケーションによるメッセージの授受を主とするコミュニケーション活動を指します。コンテキストへの依存度が高いわけですね。一方で、低コンテキストによるコミュニケーション活動とは、言葉によるメッセージの授受を主とするコミュニケーション活動のことを指します。こちらは、コンテキストへの依存度が低いというわけです。

　ホールによるコンテキストからの影響という枠組みは、その後の異文化コミュニケーション研究におけるコミュニケーション・スタイルの研究の基盤となっています。そして、高コンテキスト寄りのコミュニケーション活動が多くみられる文化を**高コンテキスト文化**、低コンテキスト寄りのコミュニケーション活動が多くみられる文化を**低コンテキスト文化**と呼ぶのが一般的です。

(2) 様々なコミュニケーション・スタイル

　グディカンストとティン＝トゥーミー（Gudykunst and Ting-Toomey,1988）は、ホールの高・低コンテキストと、ホフステードの

文化次元論（これについては後述します）をもとに、コミュニケーション・スタイルの枠組みを、さらに4種類に発展させました。そして、ティン＝トゥーミー（Ting-Toomey, 1999）は、この4種類の枠組みをより詳細にし、以下の表のように示しています。

表5 高・低コンテキストの枠組み（Ting-Toomey, 1999, p.101 をもとに作成）

高コンテキスト		低コンテキスト	
尊重される価値観			
集団主義的 Group-oriented values		個人主義的 Individualistic values	
互いの面子を重視 Mutual-face concern		自らの面子を重視 Self-face concern	
論法			
螺旋的 Spiral logic		直線的 Linear logic	
スタイル			
間接的 Indirect style		直接的 Direct style	
社会的地位志向 Status-oriented style		個人志向 Person-oriented style	
控えめ、謙遜 Self-effacement style		自己高揚的 Self-enhancement style	
聞き手志向 Listener-oriented style		話し手志向 Speaker-oriented style	
コンテキストによる理解 Context-based understanding		言語による理解 Verbal-based understanding	
例			
サウジアラビア	日本	アメリカ	ドイツ
クウェート	中国	カナダ	スイス
メキシコ	韓国	オーストラリア	デンマーク
ナイジェリア	ベトナム	イギリス	スウェーデン

　表の左の欄は高コンテキストで主要な考え方やコミュニケーションの

スタイルと、高コンテキスト文化の傾向にある国々が示されています。右の欄には、低コンテキストについて示されています。

さて、それぞれのスタイルについては、一見して分かる内容と、そうではないものとが混在していると思いますから、簡単に概要を説明します。

最初に、それぞれの文化において尊重される価値観が、いずれものコミュニケーションのスタイルの背景として存在していると考えられています。

それでは、まず、左欄の高コンテキスト文化から説明します。高コンテキスト文化においては、相手と自分を情緒的に結び付けた集団主義的な意識が背景にあると考えられています。そして、自らの面子よりも、話し相手との互いの面子を配慮する傾向にあります。ですから、自分の主張や意見を前面に押し出さないように、明確に言語化しない傾向にあります。しかし、相手との情緒的つながりはあるという前提なので、相手に状況を説明し気持ちを伝えながら、相手が結論を推察してくれることを期待します。

主張を明確に言語化することよりも、相手に分かってもらうよう配慮するので、螺旋的で間接的な話法を用いる、といわれています。背景にあるコンテキストを共有しているという前提があるので、状況で理解される部分は言語化されず、話し手は最低限の言葉で済ませることになります。話される言語は簡潔または簡略的で、八代他（2003）は飛び石的と説明しています。また、高コンテキストでは、話し手も聞き手も、情緒的な結びつきがある集団内にある、とされます。ですから、聞き手は話し手の本意を察する、つまりは行間を読む必要があります。また、集団主義的な志向により、会話の内容と同時に、話し相手との人間関係、さらに言えば社会的立場・地位が重視されるため、使用される表現には多くの待遇表現が含まれることがあるというのも特徴です。

一方、低コンテキスト文化においては、基本的に、それぞれの個の立

場が明確です。コミュニケーション学においてよく使用される表現に、面子という言葉がありますが、こちらは自らの面子を重視する傾向にあります。ですから、まずは自分の主張や意見を表現します。個の立場が確立しているということは、すなわち相手と自分は一体化されていないという立場なので、次に、その背景にある理由を説明し、相手の理解と同調を求めていきます。

　言語によって明確に伝えることが重視されるので、内容はより論理的となり、直線的で直接的な話法を用いる、といわれています。個の立場が明確であるがゆえに、高コンテキストとは異なり、背景にあるコンテキストの共有率は低いという前提から、専ら言葉を尽くして説明するため、言語による説明は詳細になります。これを、八代他（2003）は、より分かりやすい表現として、石畳的と呼んでいます。

　また、低コンテキストでは、個の立場が確立していますから、話し相手との人間関係よりも、話す内容、自らの伝えるべき情報が重視されるため、情報の正確さの方が待遇表現よりも重視されます。高コンテキストでは、話し手も聞き手も、情緒的な結びつきがある集団内にあり、聞き手は話し手の本意を察する必要がありますが、低コンテキス文化では個の立場が確立し、言葉による正確な情報を伝えることが重視されるという前提から、聞き手は、ひたすら話し手の言葉通り受け取ることでコミュニケーションは成立する、というのも特徴です。それでは、これまでの説明をまとめてみましょう。

表6　高・低コンテキスト文化におけるコミュニケーション・スタイルの傾向
(Hall (1976)；Gudykunst and Ting-Toomey (1988)；八代他 (2003)；Fitzgerald (2003) をもとに作成)

高コンテキスト	低コンテキスト
・螺旋的で間接的	・直接的で明白
・メッセージの多くは、言語以外の方法で伝えられるため、説明は簡潔で飛び石的	・メッセージの多くは、言語によって伝えられるため、説明は詳細で石畳的
・相手との人間関係や情緒的な結びつきを重視するがゆえに待遇表現を多く含む	・個の確立がより明確で、相手との人間関係よりも情報を正確に伝えることを重視
・聞き手は、コンテキスト、非言語的な合図、ニュアンスがほのめかす内容を理解する必要がある	・聞き手は、言語以外の方法には気付きにくく、それにより伝えられることの意味を理解するのに慣れていない
・沈黙に価値を置く。沈黙は自制を示すものでもある	・言語に重きを置き、また相手にも、意図することを言語で表現することを期待している

　さて、ここにあげられた待遇表現について少し説明を加えておきます。日本語の待遇表現については、様々な定義がなされていますが、それぞれの定義をまとめた形で、北（1995）は「表現主体が基本的には同じ意味のことを述べるのに、自分・相手・話題の人物などの人間関係、表現場所の状況や雰囲気、表現形態などを考慮し、それらに応じて複数の表現の中から適切な待遇的意味を持った表現を選択して使い分けるとき、それらの表現を待遇表現という」（p.312）と述べています。

　いわゆる尊敬語・謙譲語・丁寧語のことですが、この表現を国語の授業で学習するとき、その難解さに唸った人も多いのではないでしょうか。低コンテキスト文化の言語にも待遇表現はありますが、種類の豊富さと、状況により使用する待遇表現が変わってくるというのは、日本語の特徴の1つといえそうです。それではここで、とても簡単ですが、次の文章を読んで質問に答えてみましょう。

Aさんは、ある会社の新入社員です。同じ部署の先輩Bさんとよく一緒に仕事をしています。Bさんは、Aさんが入社した時からずっと、仕事の指導をしてくれています。今日も、遅くまで指導をしてくれました。Aさんは、今日も遅くまで熱心に教えてくれたことに対し、以下のように言いました。

A:「先輩、今日も遅くまでご苦労様でした。ありがとうございました」
B:「……」(何か言おうとしていたが特に返事もなく去っていった)

┃質問
① なぜ、Bさんは無言で去っていったのでしょうか。
② Aさんの言葉を英語に直してみてください。

★考えるときのヒント
① Bさんの心情を説明できるか?

　①では、本当に疲れてしまったから、などの回答が出てきそうですが、それだけではありません。「ご苦労様」という言葉は、目上の人が目下の人に対し、労力をねぎらう時に用いる言葉です。この時、Bさんはもう、それを注意する力がなかったのかもしれません。この場合は、「お疲れさまでした」「お疲れ様でございました」という表現の方が適切といえるでしょう。そして、Aさんの言葉を英語にするならば、"Thank you" で十分なのです。これだけではニュアンスが違ってくるのでは…と思うかもしれません。しかし、最も伝えたい重要な情報は何でしょう

か。それは謝意であり、他に、これほどダイレクトに伝わる言葉がある
でしょうか。そう考えると、最も伝えたい情報を優先させ、それを明確
に伝えようとするコミュニケーション・スタイルと、待遇表現を用いな
がら互いの人間関係を重視したうえで意思を伝えようとするコミュニ
ケーション・スタイルの違いが分かってくるのではと思います。

　なお、表5（69ページ）には、自己高揚的という言葉がありますね。
これは、ティン＝トゥーミー（Ting-Toomey, 1999）による表現なのです
が、説明によると、特にアメリカにおける傾向であるといいます。アメ
リカでは、自らの良い点を主張することが大切である、と教えられてい
るということで、自分の学校の成績や仕事に関する業績などの優れた点を、
自ら述べていくことが大切であり、また、それをしないと誰も気付かない、
ということが述べられています。例えば、自らのプロフィールを記すとき、
あらゆる良い点から積極的に述べていくのが特徴というわけです。

　これとは逆に、多くのアジア文化圏では、控えめであることがより礼
儀にかなっていると考える傾向にあるといいます。例えば、日本では客
人にお茶を勧めるとき、「粗茶ですが、どうぞ」といいます。これは、「ま
ずいお茶ですが、飲んでください」という意味ではありませんよね？成
績や業績などは、自ら告げずとも、先生や上司が必ず見てくれていると
信じられています。ですから、日本人が自らのプロフィールを記すとき、
自分は、見た目はあまりよくないかもしれないが…という、謙遜から始
まるのが特徴、というわけです。そこで、ティン＝トゥーミーは、コ
ミュニケーション活動の際、アメリカ、すなわち低コンテキスト文化で
は、メッセージの送り手に、より多くの責任があり、日本のような高コ
ンテキスト文化では、ニクソンとブル（Nixon and Bull, 2005）も記し
ているように、観察者、あるいは聞き手がより敏感であると説明してい
るのです。

　ところで、コンテキストの影響は、それぞれの言語の語彙数にも影響

しているようです。例えば、「私」「あなた」という表現を見てみましょう。英語では、専ら "I"、"you" で表現できますが、その他の言語では、コンテキスト（文脈）により、様々な表現方法があるようです。日本語でも非常にたくさんありますね。

窪田（1989）や大倉（1990）をはじめ、日本語教育に携わる多くの研究者らが示した興味深いデータがあります。彼らは、使用頻度の高い語彙が、一般的なコミュニケーションにおける語の何%を占めるか、すなわち、どれくらいの単語を覚えれば、支障なく言語によるコミュニケーション活動ができるか、ということを示す数値をカバー率として調査しました。研究者らにより作成されたカバー率は、元来の言語の分類上、系統（語族）が異なる言語や、調査方法およびデータの処理方法が異なるため、一概に数値のみで比較することは難しいとしながらも、ある一定程度の傾向を示す資料として使用されています。下記の表は、それぞれの言語とカバー率を示したものです。

表7 　語数とカバー率（大倉、1990、p.34；沖森他、2006、p.82；占部、2011、p.81 より作成）

語数（上位）＼言語	英語	フランス語	スペイン語	中国語	朝鮮語	日本語
1 〜　　500				63.1	66.4	51.5
1 〜　1,000	80.5	83.5	81.0	73.0	73.9	60.5
1 〜　2,000	86.6	89.4	86.6	82.2	81.2	70.0
1 〜　3,000	90.0	92.8	89.5	86.8	85.0	75.3
1 〜　4,000	92.2	91.3	91.3	89.7	87.5	77.3
1 〜　5,000	93.5	96.0	92.5	91.6	89.3	81.7
1 〜 10,000						91.7

調査方法がそれぞれ異なるということで、一概にはいえませんが、上の表は、例えば、翻訳や通訳がいかに困難か、ということを示しているといえるでしょう。これまで見てきたように、コミュニケーション・スタイルも異なりますから、翻訳や通訳をする場合、語彙の習得のみなら

ず、コミュニケーション活動に影響を与えるコンテキストや、その背景にある文化を理解する必要が出てくる、ということが分かるかと思います。

Column 3

● コンテキストの違い ●

　筆者は、この高コンテキスト・低コンテキストについて確認したく、イギリス人の大学教授に、先ほどの「Question 10」を例にあげ、職場の上司と部下、そして友人と会話をするときに、言葉の使い方が変わるかどうかを尋ねてみました。この質問を受けた教授は、しばらくの間考え込んでから、言い方の違いはない、まさか日本では違うのか、とひどく驚いていた様子でした。そして、英語での事例をいくつかあげてくれました。それによると、銀行窓口などのサービス業務では、顧客との会話の最後にsirやmissなどを付けること、女王や裁判官のような権威ある人々には、彼らだけに使用する特別の呼び方があるということ（女王の場合はher majesty、

裁判官には your honor)、また、非言語コミュニケーションの部類ですが、上司が部下への友好を示すために肩を軽く叩くことがあるけれど、その逆はあり得ない、などあるそうです。それから、アメリカとイギリスでも、コンテキストによって若干の使用方法の違いがあるそうです。とはいえ、日本語と比較して全体的にコンテキストによる影響が少ない分、英語は勉強しやすい言語といえそうですね。

第 3 章

異文化コミュニケーション
における文化について

1 異文化コミュニケーションで注目する文化とは

（1）信念と価値観

　さて、これまで、コミュニケーション全般に関わる説明をしてきました。そして、コミュニケーションには、文化的な影響が出るものである、ということを述べてきました。ここで再び、異文化コミュニケーションで注目される文化について示しておく必要があるでしょう。

　第1章1（3）でも少し触れましたが、文化の定義は非常に幅広く、著書の数だけ存在するほど説明が難しいものです。本書では、『広辞苑』（新村編、2018）による説明を用い、異文化コミュニケーション研究の分野においては、辞書による「（culture）人間が自然に手を加えて形成してきた物心両面の成果。衣食住はじめ技術・学問・芸術・道徳・宗教・政治など生活形成の様式と内容とを含む」にあたる内容を見ていくのが主流、と説明しました。本書では、この文言を文化の定義とし、文化が違うとは、これらの内容が違う、ということと想定しています。

　また、本書では、「コミュニケーション」を中心に据えていることから、言語や衣食住の違い、生活様式などの、外から見たシステムというよりも、文化的背景の異なる集団とのコミュニケーション活動を通した相互作用によって、個人の内面で何が起こるのかを考えることを中心に見ていきたいと思います。

　これまで、コミュニケーション活動に影響を与えるものの1つに文化的影響がある、ということを見てきました。それでは、上記にて定義されている「文化」の中でも、特に何が違うことによって、異文化コミュニケーション活動を行ううえで、相手に違和感を持ってしまったり、ひいては誤解や摩擦などの原因となってしまったりするのでしょうか。

　様々な要因の中で、異文化コミュニケーション研究においてよく取り

上げられるものの1つが、これまでの説明で既に何度も出てきた、「**価値観**」です。

　これまで、多くの研究分野（文化人類学、心理学、社会学、国際経営学、言語学、異文化コミュニケーション研究など）で、多くの研究者らが文化によって異なる価値観について研究を行ってきました。それぞれの国や地域で育まれた独特の価値観は、文化の基盤ともいえるものであり、その文化圏において使用されている言語・非言語コミュニケーションに影響を及ぼしていると考えられています。こうした研究では、それぞれの文化には重視する価値観の傾向、すなわち価値志向があるとされ、その類似点や相違点を明らかにすることが、多様な文化的背景を持つ人々の間でコミュニケーションを円滑に取るための1つの重要な役割を果たすと考えられています（Ting-Toomy, 1999）。そして、それぞれの文化によって異なる価値観は、コミュニケーション活動のみならず、私たち自身の**アイデンティティ**にも影響を及ぼしている、というのです。「私」という個人が、それぞれの文化に見られる価値観にも影響されているというのは、本当なのでしょうか。

　まずは、価値観に関する様々な研究について見ていきましょう。プリブル（2006）は、価値観について説明するのにあたり、人々の持つ**信念**に着目しました。プリブル（2006）は、**信念とは、物事の価値判断をする際に参考とするもので、いわば判断基準となり得るものである**、と説明しています。そして、この信念の特質について、次のように述べています。

信念の特質（プリブル、2006、p.26 より抜粋）

① 大部分の信念は学習によって習得するものである。
② 信念を持つことに根拠や証明は不要である。
③ 信念は意識的・無意識的に存在する。

それぞれの文化が持ち合わせる価値観は、この信念に基づいた優先順位により成立するといいます。価値観が異なる、ということは、すなわち信念の優先順位が異なることを意味する、という考え方です。

　また、こうした信念などの価値観を形作る様々な要素は、人が成長する過程において、ものの見方や考え方のみならず、好みなどの志向や感じ方などの情緒面にも影響するものであるといいます（石井他、2013）。そうした成長の過程において、人は、自分の所属する文化内で共有される基本的な価値観を身に付けていくものである、というわけです。

　日ごろ、ある特定の文化の中に有形・無形で存在する考えの拠りどころ、判断基準、つまりプリブル（2006）のいう信念が、日々生活する中で、家庭、学校、職場、社会など様々な場面で学ばれ、個人的な志向や感情面にも見えない影響を与えつつ、やがて形を変えながらも受け継がれていくものだとするならば、①のように学習によって習得するものであり、③のように有形無形で自分の心の中に存在するようになる、ということはとても分かりやすい説明ではないかと思います。

　②についてですが、1つの考え方として、都市伝説などに見られるジンクスや、宗教と関連付けて考えると分かりやすいでしょう。例えば、「黒猫が横切ると不吉」などという言葉を聞いたことがありませんか？この言葉に対する科学的根拠を収集するのは相当な労力を要すると思われますが、信じる以上、仮に迷信であったとしても、その人にとってそのことは、その信念に基づく真実であり、証明の必要はありません。また、神仏を実際に見たことがある、という人は少ないと思います。しかし、神仏を信仰するのに、神仏の姿を目撃したり、その存在を証明したりする必要はないのです。この考えによれば、信仰とは、神仏は存在する、という信念に基づいたものであり、宗教とは、こうした信念と一種の関わりがある、ということになるのでしょう。それではここで、信念や価値観に関する質問に回答してみてください。

「神聖なる豆 vs. 西洋医学」

　あなたは今日、従姉のRさんに会う予定です。Rさんは、お父さんの仕事の関係で海外にいますが、先日一時帰国してきました。

　さて、久しぶりに会ったRさんは、日焼けして、とても元気そうな笑顔を見せてくれました。Rさんは、紫外線や食べ物によるアレルギー体質があり、外出も外食もできず、痩せて青白い顔をしていたはずなのに?

　あなた自身も若干のアレルギー体質なので、何か良い薬でもあるのかと聞いてみました。すると、Rさんはにわかに真剣な表情になり、何やら大事そうに缶詰を鞄から取り出しました。仰々しくふたを開け、何かの豆を何粒か手に取り、あなたに食べるよう勧めてきます。Rさんによると、これは、滞在国で昔から万病に効くといわれている神聖なる豆とのこと。自分のアレルギーも、これで治ったというのです。

　しかし、あなたは、食べ物のアレルギーで悩まされています。身体に合わない物を食べると、あっという間に発疹が出てしまいます。「医者に大丈夫かどうか聞いてから試す」というあなたに、「この豆のパワーは、私の身体で実証済みだから、絶対に大丈夫!」となおも勧めてきます。

▌質問

① このRさんの行動に対して、どう思いますか?率直な感想を述べてください。

② あなたとRさんには、それぞれ異なる価値志向がありそうです。それぞれ、どんな「価値観」を優先しているでしょうか?

③この後、あなたは、どう行動しますか？

★考えるときのヒント
②は、さきに解説したキーワード「信念」について思い起こしながら考
えてみましょう。他に、「科学」「西洋医学」「民族宗教」という言葉も
ヒントになります。

　いかがでしたか。両者の間に、信念や価値観の違いを見つけることが
できたでしょうか。また、信念に科学的根拠の説明は不要であり、その
ような信念が価値観の基盤にあるとしたら、上記のような会話が発生す
ることは十分にあり得そうですね。
　さきほどから見てきたように、**それぞれの文化が持つ価値観には、そ
の文化に属する人々の考え方や行動を形作る機能がある**と考えられてい
ます。ここでさらにもう１つ、価値観について、ティン＝トゥーミー
(Ting-Toomey, 1999) の説明を見てみましょう。ティン＝トゥーミーは、
文化的な価値志向、つまりある文化において共有されている価値観には、
**アイデンティティや連帯意識を形成し、判断基準となり、変わりゆく時代
や文化的環境の流れに適合・順応しつつ、人々の行動基準を説明する機能
がある**、と説明しています。
　人は、自らが育つ文化において、同じ文化を共有する人々が重視する
価値観を学習しながら、自らのアイデンティティを形成していきます。
それはつまり、ある文化の価値観は、その文化に属する人々の、個人的
なアイデンティティの形成にも大きな影響を及ぼすのです。これについ
ては、第４章２（1）にて詳細を説明します。
　さらに、価値観は、その文化に属する集団の連帯的な意識を形成しな
がら、その文化に属する人々の判断基準となります。ただし、文化とい

うものは常時一定ではなく、その環境は短期的ではないにしても変容するものですから、時代や文化的環境に応じた価値観として適合・順応していくものでもあります。そして、ある文化の中での行動基準ともなることから、ある人がその文化における行為を説明する機能も持ち合わせている、というわけです。

　例えば、何を基準として「美人」と考えるかは、国や地域の文化の価値観や、時代により変容してきました。平安時代の都の貴族の女性の姿を思い浮かべてみましょう。その時代では、ふくよかな女性が美しいとされていましたし、また、化粧もかなり現代とは違うものですね。当時、ふくよかで、かつ、当時流行の化粧をする女性は、周囲から美しいと思われていたでしょうし、本人も、私は美しい、というアイデンティティを持ち得たことでしょう。けれども、これが現代にも通じるかというと、どうでしょうか。また、異なる国や地域の文化であったなら、それもまた違うであろうと想像がつくと思います。

　文化によって異なる価値観は、全く未知の世界を知るのと同様、とても驚くことがあるでしょう。また、こうしたことを理解したとしても、先ほどの例題のように、異なる価値観を持つ人とのコミュニケーションの取り方は、なかなか難しいように感じられますね。

　違いを否定し受け入れないことは容易です。けれどもそのままでは、相互理解にはつながりません。全く異なる価値観を学ぶことは、自らの視野が広がることにつながり、ひょっとすると、1つの価値観の中で固まっている自分を発見し、自由を得るきっかけ、あるいは新たな価値観の創造につながるかもしれません。また、他者を理解するのに役に立つ要素となることでしょう。視野が広がれば、なぜあの人はこのような考え方をするのか理解できない、ということが、今よりは少なくなる可能性が出てきます。そして、人との円滑なコミュニケーションを成立させるのに役立つのみではなく、自らの持つ信念や価値観の特徴を、より客

観的に理解するのにも役立つといえるでしょう。それでは、次の章に進む前に、もう1つ Story Analysis に挑戦してみましょう。

Story Analysis 4

「常識」

　L大学のフェンシング部。あなたは、大学3年生の副部長です。部員も少なく、中々試合に勝てないのですが、この部が秋の大学祭で作る「たこ焼き」は大変な人気。たこ焼きに剣の形の串ざしを使い、フェンシング部を強力アピールしています。

　さて、今年も、大学祭のシーズンが近づいてきました。早速、部会を開き、皆で各担当を決めました。今年の「材料の買い出し」担当は、2年生の2名です。Aさんは地元出身、Bさんはアメリカ人留学生です。

　ところが、大学祭前日、あなたはAさんから相談を受けました。Aさんによると、Bさんが、「自分は買い出しには行かない」と言うのだそうです。

　本人に話を聞くと、「自分は弱いフェンシング部を強くしたい。たこ焼きを作るためにこの部活に入ったんじゃない」と言います。大学祭での出店は部活動の一部だし、あなたが買い出しに行くのは部会で決まったことですよ、と説得しようとしますが、「あれは部長が勝手に決めたこと。そもそも、日本の部活は後輩が自分の意見を自由に言えないので不公平。自分はその考えに賛同していない」というのです。

▎質問

① このBさんの考えに対して、どう思いますか？率直な感想を述べてください。

　それでは、質問について少しだけ見てみましょう。②について、Aさ
んは、おそらく、皆で話し合う部会で決まったことだし、何の疑問もな
くそれが「常識」と思って、引き受けているのでしょう。一方、Bさん
は、部会を「部長の独断場」ととらえている様子が見えますね。ですか
ら、「部会で決まった」と言われても、Bさんにとっては「後輩に発言
権のない部会で決められたことは不公平で、従う義務はない」と思って
いるのかもしれません。つまり、BさんはBさん独自の常識で行動し
ているようです。そして、Bさんの常識は、Aさんをはじめ、副部長、
部長自身に受け入れられるものとは考えにくいですね。Bさんのこの「常
識」を、あなたはどう思いますか？

　③ですが、こんな場合、なかなかしんどいですね。何しろ、「自らの
常識」で1人行動を取るタイプです。そこには、相手の立場や仲間と
の人間関係への配慮はなさそうです。

　このケースでは、注意点が2点あります。まず、Bさんの主張する
点にも注目することです。「弱いフェンシング部」というのは、本質を
突いています。Bさんは、もっと強くなるために、何かできることがあ
る、という意見を持っているかもしれません。あるいは、たこ焼き作り

ではなく、本来のフェンシングで強くなることこそが、部活のアピールになる、と思っているのかもしれません。

　もう１点は、「だからアメリカ人は…」という考え方は回避すべきである、ということです。アメリカ人の方全てが、こういう主張をするわけではありません。それは、また後ほど解説する「偏見」のところで詳しく説明します。さて、あなたならどう解決を試みますか？

2 ▶ ホフステードの文化次元

　文化的な価値観を、国や地域によって特徴付けることは大変難しいこととされています。しかし、そんな中で、異文化コミュニケーションの研究でよく紹介されているのが、ホフステード（Hofstede et al., 2010）の文化次元です。

　ホフステード（Hofstede et al., 2010）によると、調査を開始する少し前の 20 世紀前半、アメリカの文化人類学者の間では、それぞれの社会には、昔も今も、社会・社会の中の集団・集団の中の個人に影響をもたらす根本となるような問題がある、という考え方があったようです。その問題とは、①社会的不平等（権力との関係を含む）、②個人と社会（集団）の関係、③男性性・女性性に関わる問題（男性・女性に期待される、社会的あるいは感覚的な役割）、④不確実なことや、あいまいなことに取り組む姿勢（怒りや感情の表現をコントロールすることを含む）、という、この４点のことを指す、と考えられていたといいます。

　そこで、ホフステードは、上の４つの根本的な問題を、①権力格差、

②個人主義・集団主義、③男らしさ・女らしさ、④不確実性の回避、と分類し、これらを、それぞれの国や地域の文化的志向を説明する文化次元としました。そして、世界的に展開しているある企業の、50か国と3つの地域、そして11万6千人にも及ぶ従業員を対象に調査を行い、それぞれの国や地域の傾向を分析したのです。そして、先にあげられた4点の問題というのは、どの文化においても共通して存在することが明らかにされました。同時に、国や地域ごとにその性質が異なることが示されたため、これらの問題の解決方法は文化（国や地域）ごとに異なるものである、ということも明らかにされました。

　ホフステードによる最初の調査は、ある特定の企業の社員という枠組みに属する人を対象としており、基本的にはビジネスに関するものでしたが、それでも、それぞれの国や地域の文化的志向を示した貴重な資料として紹介されています。

　その後、マイケル・ハリス・ボンド[2]による、儒教的な思想に影響された、特に東洋で尊重される価値観を基軸とする⑤長期志向・短期志向が加えられました。さらに、マイケル・ミンコフ[3]が自著にて行った、世界価値観調査[4]結果に対する分析基軸の1つ、欲求を満たすことに対し社会が寛容的か、それとも規範的で抑制的かを示す、⑥充足的・抑制的という文化次元が加わりました。ここでは、ホフステードにより改訂された著書（Hofstede et al., 2010）によって示された内容について概観していきます。

2　カナダ出身の心理学者。関連する著書は、Bond, Michael Harris（1991）*Beyond the Chinese Face: Insights from Psychology,* Hong Kong; New York: Oxford University Press. Bond, Michael Harris (ed) (2010) *The Oxford Handbook of Chinese Psychology,* Oxford: Oxford University Press など。
3　ブルガリア出身の文化人類学者。関連する著書は、Minkov, Michael (2007) *What makes us different and similar : A new interpretation of the World Values Survey and other cross-cultural data,* Sofia: Klasikai Stil Publishing House など。
4　世界価値観調査（World Values Survey, WVS）。各国の多方面にわたる価値観を調査したもの。調査内容・結果は閲覧可能です。http://www.worldvaluessurvey.org/wvs.jsp

(1) 個人主義・集団主義　Individualism / Collectivism

　さて、ホフステードの文化次元のうち、この個人主義か集団主義か、という項目は、通常2番目に紹介される項目なのですが、「個人主義・集団主義」という概念は、それぞれの文化の基幹的な類似点や相違点を示すものであり、異文化コミュニケーションを学ぶうえで最も基礎的で重要な項目と考えられるので、最初にあげていきたいと思います。

　個人主義的な社会とは、それぞれの個性や、個人の権利、要求が重視されます。このような社会では、個人の能力が尊重され、個人的な責任を果たすことと自主性を持つことが期待されます（Ting-Toomey, 1999）。ホフステード（Hofstede et al., 2010）によると、このような社会の中での個人間の結びつきは緩く、自分のことは自分で面倒を見ることが重要で、その他に面倒を見るのは家族まで、という考えが強いようです。

　集団主義的な社会とは、個人よりも集団の権利や要求が重視されます。このような社会では、お互いが相互依存的な関係を持ち、集団内で調和を保ち、そして集団内での仲間意識を尊重することが期待されます（Ting-Toomey, 1999）。ホフステード（Hofstede et al., 2010）は、集団主義的な社会では、その社会でのルールを守る限り、その社会に護られることが約束されていると述べています。

Brainstorming 10

　日本は、どちらの傾向にあると思いますか？具体例を3つあげながら説明してみてください。

　さて、文化は常に一定したものではなく、変わり続けるものですが、個人主義と集団主義という視点におけるホフステードの調査では、次のような結果が出ています。なお、次の表には、ホフステードの調査結果

に基づき、それぞれの傾向の強い順に国名を示しています。

表8　個人主義と集団主義 (Ting-Toomey, 1999, p.67; Hofstede et al., 2010, pp. 95-97 より作成)

個人主義的な社会で重視されること	集団主義的な社会で重視されること
アイデンティティは「わたし」	アイデンティティは「わたしたち」
個人的な目標達成	集団での目標達成
自分の考え	他人との調和
自発的な行動	義務の遂行
個の管理	集団の管理
（例：個人主義的な傾向の強い順）	（例：集団主義的な傾向の強い順）
アメリカ	グアテマラ
オーストラリア	エクアドル
イギリス	パナマ
カナダ、ハンガリー、オランダ	ベネズエラ
ニュージーランド	コロンビア
ベルギー	インドネシア、パキスタン
イタリア	コスタリカ
デンマーク	ペルー、トリニダード・トバゴ

　個人主義的な国々は、世界の3分の1以下の人口を占め、北欧や西ヨーロッパ、および北アメリカに広がっており、集団主義的な国々は、世界の3分の2以上の人口を占め、アジア、アフリカ、中東、中南米、そして太平洋の国々に広がっているといいます（Ting-Toomey, 1999）。

（2）権力格差　Power Distance Index

　この項目で調べられているのは、文字通り、権力者（支配者）の力を、その権力を持っていない人々（被支配者）がどれだけ受け入れているかを示す指数です。権力格差の違いは、それぞれの国や地域の地理的な位置、人口、経済的豊かさに影響されるとホフステード（Hofstede et al., 2010）は説明しています。権力格差の大きい国では、権力のある者が上、ない者が下、と上下関係がはっきりしており、権力のない者は権力のある者に依存、または従います。子どもは親や先生に、会社の部下は上司

に従うこと、また、目上を尊敬することと立場の違いを教えられます。また、権力がある人の収入が多いのは当然とみなされています。権力格差の小さい国では、権力のある者・ない者は対等な関係にあります。子どもは親に必ずしも従わなければならないわけではなく、自らの意見を明瞭に述べることが期待されます。先生には、分からないことを何でも聞いてよいし、会社での階層は基本的に役割の違いとされ、上司は部下の自主性を期待し、部下は自ら判断を下すことができます。

Brainstorming 11

日本は、どちらの傾向にあると思いますか？具体例を3つあげながら説明してみてください。

それでは、比較調査で明らかになった表を見てみましょう。

表9　権力格差（Ting-Toomey, 1999, p.70; Hofstede et al., 2010, pp. 57-59 より作成）

権力格差が小さい社会で重視されること	権力格差が大きい社会で重視されること
対等であること	権力差があること
個人を信用	年功序列や職位を信用
均衡な交流	不均衡な交流
カジュアル	フォーマル
部下と相談する	上司が命令する
（例：権力格差の小さい傾向の強い順）	（例：権力格差の大きい傾向の強い順）
オーストリア	マレーシア、スロバキア
イスラエル	グアテマラ、パナマ
デンマーク	フィリピン
ニュージーランド	ロシア
スイス	ルーマニア
アイルランド	セルビア
スウェーデン、ノルウェー	スリナム
フィンランド	メキシコ、ベネズエラ

日本は、この表には入っていませんが、全体の中央値付近に位置していたそうです。この結果について、どう思いますか？

（3）男性らしさ・女性らしさ　Masculinity / Femininity

　この項目は、名称からはなかなか分かりづらいかもしれません。ホフステード（Hofstede et al., 2010）によると、男性らしい社会とは、男女の役割分担が明確で、男性は強くて経済的な成功を目指すものであり、女性は控えめで優しく、生活の質に重きを置くものである、という考え方に基づきます。一方、女性らしい社会とは、性別による役割分担はなく、男性も女性もどちらの性質をも持ち得るという考え方に基づきます。男性らしい社会は男女役割分担型社会、女性らしい社会は男女共同参画型社会といってもよいかもしれません。それでは、ホフステードの調査結果をまとめた表を見てみましょう。

表 10　男性らしさ・女性らしさ
(Ting-Toomey, 1999, p.73; Hofstede et al., 2010, pp. 141-143 より作成)

女性らしい社会で重視されること	男性らしい社会で重視されること
男女の役割分担は柔軟に変動	男女の役割分担は明確で変動なし
育み・過程を重視	業績・結果を重視
仕事と家庭の両立	経済的成長
生きるための仕事	仕事のための人生
環境問題	経済効果
（例：女性らしい社会の傾向の強い順）	（例：男性らしい社会の傾向の強い順）
スウェーデン	スロバキア
ノルウェー	日本
ラトビア	ハンガリー
オランダ	オーストリア
デンマーク	ベネズエラ
スロベニア、リトアニア	スイス

　女性らしい社会としては、北欧の国々が目立ちますね。例えば、スウェーデンでは、1974年に世界に先駆けて両性が取得できる育児休暇

制度を設けて以来、男性の育児休暇取得率は高く、特別なこととは思われていないようです（永井、2005）。育児休暇の取得方法も、柔軟な労働形態を反映してか、かなりの選択肢が用意されているようですし、国の児童手当に対する給付率も高いといわれています（都村、2002）。一方で、男性らしい社会としては、日本が上位から2番目にあります。日本の男性の育児休暇はいつ導入され、その取得率や普及率はどうなっているでしょうか？また、そのことに対する社会の反応はどうなのでしょうか。

Assignment 3

「男女の役割分担」や「男女共同参画社会」というキーワードのもと、①仕事と子育て、②男女の賃金差、③その他、以上の3項目について、日本とその他の国々の違いを調べ、感想を書きましょう。

※書き方のヒント

世界経済フォーラム（World Economic Forum）による「ジェンダー・ギャップ指数」（The Global Gender Gap Report）、国連開発計画（UNDP）による「ジェンダー不平等指数」（Gender Inequality Index（GII））を参考にしましょう。

（4）不確実性の回避　Uncertainty Avoidance Index

　不確実性の回避という言葉は、とても難しいと思います。そこで、少し身近なお金の話の例で考えてみましょう。

Question 11

あなたには、ある程度の預貯金があります。あなたの取引先銀行は、お金を眠らせてはならない、働かさなければ！と言って、投資信託を勧めてきました。投資信託をすると、銀行の利子の何倍もの利益が手に入る可能性があります。しかし一方で、元本割れ、つまり、あなたが蓄えた貯金が目減りするリスクもあります。さて、あなたは、多少のリスクを取ってでも、預貯金がぐんと増える投資信託を始めますか？それとも、元本割れする危険があるのなら、1円たりとも我慢できず、リスクを取ることはせず低い金利で納得しますか？

　リスクを取るかどうかは、個人の考えによるものではないだろうか、と思われますが、ホフステードは、このような選択でさえ、文化による傾向がみられるとして調査をしました。前者の、多少の危険が伴うとしても、良い結果を得られる可能性のある方法を選ぶ、であるなら、不確実性の回避の可能性が低い傾向にある文化といえます。反対に、危険を排除することに集中し、安全・安定を重視する場合は、不確実性の回避の可能性が高い傾向にある文化といえます。

　ホフステード（Hofstede et al., 2010）はまた、不確実性の回避の可能性が低い文化にいる人々は、家庭、社会における役割や望ましい行動は、時と場合により変化する余地があり、子どもたちは自らの価値観や倫理観を自ら築くことが期待されているといいます。一方で、不確実性の回避の可能性が高い文化は、不確実性を回避すべく、社会や家庭でのルールや行動基準はより明確に示され、またそれを守ることが尊重されている、といいます。それでは、以下にその特徴を示した表を見てみましょう。

表11　不確実性の回避

(Ting-Toomey, 1999, p.72; Hofstede et al., 2010, pp. 192-194 より作成。※中国返還前)

不確実性の回避が低い社会で重視されること	不確実性の回避が高い社会で重視されること
不確実なことに価値を見出す	不確実なことは脅威である
転職が多い	終身雇用が多い
チャレンジすること	しっかりとした段取り・手続きを踏むこと
紛争はチャンスのもと	紛争は負である
新規開拓	現状維持
（不確実性の回避が低い社会の傾向の強い順）	（不確実性の回避が高い社会の傾向の強い順）
シンガポール	ギリシア
ジャマイカ	ポルトガル
デンマーク	グアテマラ
スウェーデン	ウルグアイ
※香港	ベルギー
中国、ベトナム	マルタ
イギリス、アイルランド	ロシア
マレーシア	エルサルバドル

Brainstorming 12

日本は、どちらの傾向にあると思いますか？具体例を3つあげながら説明してみてください。

（5）長期志向・短期志向　Long Term Orientation / Short Term Orientation

　カナダ出身の心理学者ボンドは、中国人が尊重する価値観について、直接、中国や台湾の人々から聞き取り調査をし、儒教的な思想に影響された、特に東洋で尊重される価値観を測定する基軸を作成しました。ホフステードの4つの文化次元や、当初ボンドが使用していた、アメリカの文化価値について調査するために開発されたアメリカの心理学者に

よる調査方法は、そもそもの調査基軸に西洋的な傾向があった、ということで、ホフステードは、ボンドが作成した基軸を、新たに、長期志向・短期志向という文化次元として取り入れたのでした（Hofstede et al., 2010）。この基軸は、東洋の中でも、中国・香港・台湾・日本・韓国に見られる文化的な価値観や行動基準をもとに作られたということで、長期志向は、彼らが尊重する、より儒教的な思想に基づく長期的な視野の中での行動パターンであり、短期志向は、その逆と考えられています。おそらく、長期志向・短期志向という言葉だけでは分かりづらいと思いますので、どのような特徴か、以下の表で確認してみましょう。

表12　長期志向・短期志向 (Ting-Toomey, 1999, p.74; Hofstede et al., 2010, pp.255-258 より作成)

短期志向の社会で重視されること	長期志向の社会で重視されること
個人の保守・安全	社会の秩序
個人の尊厳	階級の尊重
個人の面子	集団の面子
短・中期的な計画	長期的な計画
消費志向	倹約志向
短・中期的な結果	長期的な結果
（短期志向の傾向が強い順）	（長期志向の傾向が強い順）
プエルトリコ	韓国
ガーナ	台湾
エジプト	日本
トリニダード・トバゴ、ナイジェリア、コロンビア	中国
イラン、モロッコ	ウクライナ
ジンバブエ	ドイツ
ベネズエラ、ヨルダン	エストニア、ベルギー、リトアニア
ルワンダ	ロシア、ベラルーシ

儒教について、調べてみましょう。

（6）充足的・抑制的　Indulgence / Restraint

　ホフステードは、ブルガリア出身の文化人類学者マイケル・ミンコフによる基軸の１つ、個人が欲求を満たすことに対し社会が寛容的か、それとも規範的で抑制的かを示す、⑥充足的・抑制的という文化次元を加えました。この文化次元では、人々が「幸福感」を感じることに対し、社会が寛容的か抑圧的か、ということを測定しました。ここでいう幸福感とは、主観的な幸福感、人生のコントロール、そして余暇という３点に絞られて調査が行われています。個人の欲求を満たして人生を楽しむことということに関し、充足的な社会は比較的寛容であり、抑制的な社会は厳格な規範によってそれを抑圧する傾向にある社会としました (Hofstede et al., 2010)。

　充足的な社会では、主観的な幸せを感じる人が多く、自分の人生をある程度好むようにコントロールすることができ、個人的な価値観に基づいて余暇を楽しむ人が多く、その結果として多くの友人と楽しんだり、余暇のために消費したりすることに対して寛容な社会、ということのようです。抑制的な社会では、主観的な幸せは、様々な社会的規範や禁止事項によって制限されやすく、よって自分の人生をコントロールできる選択肢は少なく、余暇もいくぶん悪いことかのようにとらえられ、結果的に友人の多さに価値は見出されず、また、子どもには倹約することの価値を教えるような社会、ということとのことです。それでは、それぞれの社会の特徴を見ていきましょう。

表13　充足的・抑制的（Hofstede et al., 2010, pp. 282-285; p. 291 より作成。※中国返還前）

充足的な社会で重視されていること	抑制的な社会で重視されていること
幸せと感じている人の割合が多い	幸せと感じている人の割合が少ない
自分の人生を好むように大体コントロールできる	自分に選択肢はない。自分の身に起きていることは仕方のないことであり、自分がしたことの結果ではない
余暇を楽しむことは重要である	余暇を楽しむことは重要ではない
多くの友人を持つことは重要である	多くの友人を持つことは重要ではない
倹約は重要ではない	倹約をすることは重要である
寛容な社会	厳格な社会
ポジティブな感情をよく覚えている	ポジティブな感情はあまり覚えていない
道徳的規律は少ない	道徳的規律は多い
前向きな態度	懐疑的な態度
外交的	神経質
健康であると感じている人の割合が高い	健康であると感じている人の割合が低い
楽観的	悲観的
高学歴社会の場合、出生率が高い	高学歴社会の場合、出生率が低い
心血管疾患による死亡率の割合が低い	心血管疾患による死亡率の割合が高い
（充足的な社会の傾向が強い順）	（抑制的な社会の傾向が強い順）
ベネズエラ	パキスタン
メキシコ	エジプト
プエルトリコ	ラトビア
エルサルバドル	ウクライナ
ナイジェリア	アルバニア、ベラルーシ
コロンビア	リトアニア、ブルガリア、エストニア
トリニダード・トバゴ	イラク、※香港
スウェーデン	ブルキナファソ

Brainstorming 13

日本は、どちらの傾向にあると思いますか？具体例を3つあげながら説明してみてください。

3 ▶ 日本の文化次元について

（1）ホフステードの文化次元から

　ホフステードの文化次元による分析で、日本に対する調査結果はどのようなものだったのでしょうか。ホフステードの文化次元に関する調査は、76 か国で実施されていますが、6 つのデータが揃っているのは 65 の国と地域ですので、その中で公表されているデータを見ていくことにします。

表 14　**ホフステードによる日本の文化次元**（データは Hofstede（2019）を使用）

ホフステードの文化次元	日本のスコア	解釈（カッコ内の数値は 65 の国と地域の中の位）
① 個人主義・集団主義	46	ほぼ平均値。（30）
② 権力格差	54	やや平均より権力志向的。（43）
③ 男性らしさ・女性らしさ	95	65 か国中 2 番目に男性らしい傾向。
④ 不確実性の回避	92	平均よりかなり不確実性を回避する傾向。（10）
⑤ 長期志向・短期志向	88	65 か国中 3 番目に長期志向。
⑥ 充足的・抑制的	42	平均よりやや抑制的な傾向。（38）

　それでは、表にあった各項目についての概要を見ていきましょう。

① 個人主義・集団主義

　日本は、中国や韓国ほどは集団主義的ではなく、しかし、西洋の国々ほどは個人主義的ではない、という結果が示されているようです。これに対して、ホフステード・インサイト（Hofstede Insights, 2019）は、例えば、家督は原則的に長男だけが継ぐもので、その他の兄弟は独立しなくてはならないという点は、家族・血縁者のつながりが強い他のアジア諸国よりもユニークであると説明しています。

② 権力格差

　日本の会社は、一般的に、組織内における階級・職位に非常に敏感なのだけれども、他のアジアの国々ほどではない、という結果だったようです。これを説明するのにあたり、ホフステード・インサイト（Hofstede Insights, 2019）は、1つの例をあげています。それは、会社の中での決定事項は、下から上へと1つ1つ承認を得て進めていかねばならない、という事例でした。つまり、権力者が唯一の決定権を持っているわけではないということから、その背景には、人々は生まれながらに平等であり、努力次第で前に進むことができるという教育がなされているからである、と説明しています。

③ 男性らしさ・女性らしさ

　既に本章の2（3）の表にも示されていましたが、日本は本調査の対象国の中で2番目に男性らしい社会であるということが示されています。Assignment 3 でも学習済みと思いますが、日本はまだまだ、性別による様々な"格差"があることが示されています。

④ 不確実性の回避

　日本は、不確実性の回避率が非常に高い国という結果が出ています。ホフステード・インサイト（Hofstede Insights, 2019）は、この理由の1つとして、自然災害の影響が大きいと説明しています。地震、津波、台風、洪水、火山の噴火など、これだけの自然災害に、全地域で年中見舞われている国というのも少ないのかもしれません。このことにより、災害に「備える」という気持ちがそうさせるのだというのです。また、全てのことにはあるマナーが決まっていて、生まれてから死ぬまでの人生の節目に用意されている儀式は全て決まっており、その方法に従わない、つまり前例がないことをするというのは、日本人にとって中々しづ

らいものであり、それはつまり、日本社会は、変わることに対し多くの
困難があるということを示していると説明しています。

⑤ 長期志向・短期志向

　こちらについて、日本は本調査の対象国の中で3番目に長期志向に
ある国だということが示されています。ホフステード・インサイト
(Hofstede Insights, 2019) は、日本人は、人類の長い歴史の中で、人
間の人生は非常に短いものと考え、運命論を受け入れていると説明して
います。また、経済的な発展を遂げた企業は、株主にだけではなく、今
後何年も続いていく日本社会のために貢献するものである、という意識
があるといいます。

⑥ 充足的・抑制的

　こちらについては、日本はどちらかというと抑制的な社会であること
が示されました。①で述べられていたように、日本では、人々は生まれ
ながらに平等であり、努力次第で前に進むことができるという教育がな
されているにもかかわらず、このような数値が出たのはなぜなのでしょ
うか。例えば、努力次第で前に進むことができるということは、努力を
すれば、学業で優秀な成績を修めたり、経済的な豊かさを得たりするこ
とができる、ということを示しているのかもしれません。そして、その
他のことに関しては、例えば、地域や各家庭の伝統や慣習などに従わな
ければならないなど、概して寛容的ではない部分もある、ということな
のかもしれません。あるいは、③の改善を試みようとするとき、④のよ
うに変化することに対する抑止力が働くために、社会は抑制的である、
というような結果となっているのかもしれません。様々な側面から考え
てみると、より深く日本のことを理解できそうです。

それぞれの項目について、他に考えられる理由を 1 つ以上あげてみましょう。

（2）面接・アンケート調査から

　グディカンスト（Gudykunst, 1993）は、アメリカと日本の文化的差異についての研究を進める中で、多くのアメリカ人そして日本人は、お互いをよく知っているわけではないと考えながらも、ある一定の固定観念をもっているといい、1992 年 2 月 10 日付のタイム誌によるアンケート資料結果を下記のように紹介しています。90 年代初頭のアメリカの人々が日本人をどう見ていたかの一端を知ることができると思います。

表 15　アメリカ人から見た日本人は…（Gudykunst, 1993, p. 5 より作成）

勤勉である	94%
競争的である	94%
悪賢い	69%
友好的である	59%
偏見を持っている	53%
公平であることに専念する	35%
暴力的である	19%
教育を受けていない	12%
怠慢である	4%

　また、アメリカとの比較を示しながら、日本の社会文化を示そうとしたピーター・N・デール（Dale, 1990）が作成した資料を次の表にまとめ、紹介しています（Gudykunst, 1993, p. 28）。こちらには、コミュニケーション・スタイルに関する項目も少し入っていますので、前章で学んだことが理解のためのヒントになるかもしれません。

表16 日本とアメリカの違い（Gudykunst,1993, p. 28 より作成）

アメリカ	日本
水平的	垂直的
平等主義	階層制度・階級組織
罪	恥
権利	義務
独立	従属
不安定	安定
非寛容	寛容
一面的	両面的
理性的	感情的
客観的	主観的
厳格な原則	状況論理
よく話す	静か
普遍的	特殊的
異質性	同一性
決裂	調和
贈与・活動的	受容・受動的
開放的	閉鎖的
精巧な表現言語	暗喩的で簡潔な言語
論理的で非個性的な言語	感情的で個性的な言語
汚れに鈍感	汚れに敏感
好戦的	平和的

　次に紹介するのは、筆者が、日本のある大学に在学している留学生
41 名を対象に行ったアンケート調査です（Kato, 2020）。回答者の内訳
は次の通りです。

表17　アンケート調査回答者の内訳（Kato, 2020, pp. 32-33 より作成）

性別		出身国		年齢	
男性	25（61.0%）	中国	22（53.7%）	18 〜 20 歳	6 （14.7%）
女性	16（39.0%）	マレーシア	10（24.4%）	21 〜 25 歳	33（80.5%）
		ベトナム	6 （17.1%）	26 〜 30 歳	1 （2.4%）
		インドネシア	1 （2.4%）	NA	1 （2.4%）
		ラオス	1 （2.4%）		
		NA	1 （2.4%）		

　大学生、あるいは大学院生として、日本に実際に住んでいる彼らの目から通した日本社会は、どのような姿なのでしょうか。まず、日本社会の姿について、ホフステードの文化次元（Hofstede, et al., 2010）、および Stringer and Cassiday（2003）、Kohls and Knight（2004）による文化の傾向を示す項目を参考に、いくつかの対極的な項目を並べ、2 選択肢の中から選んでもらいました。以下が、その結果です。

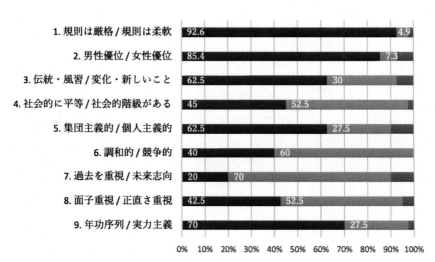

図8　留学生から見た日本社会（Kato, 2020, p.33 より作成）

この回答から、どのような日本社会が読み取れますか？これまでの、コミュニケーション（高コンテキスト・低コンテキストなど）や、ホフステードの文化次元と照らし合わせながら、①〜⑨のそれぞれの項目の結果について解説をしてみましょう。

　さて、それでは、図8の各項目の理由について見ていきましょう。以下の回答例は、同様の意見をまとめて示したもので、カッコ内にはその意見を示した回答者数を表します。

（各項目の理由）
①「規則は厳格である」とした理由について

表18（Kato, 2020, p.33 より作成）

ルールは絶対に守らないといけない。（12）
交通ルールが厳しい。（3）
時間厳守する。（2）

　いろいろなところで規則を感じるようですね。「交通ルール」「時間厳守」など、私たちにとっては「当たり前」と思いがちなところに、他国の人々は気付き、この調査の対象者から見ると「厳しい」と感じるようです。

②「男性優位である」と回答した理由について

表19（Kato, 2020, p.34 より作成）

日本企業のリーダーはほとんどが男性である。（4）

日本の女性は仕事を見つけるのが難しい。（3）
男性はリーダーが多くて、女性は窓口などのサービスをしている。（1） 駅など公共的な場所に女性優先のことが多い。（1）

　こちらの結果も、見事にホフステードの文化次元の「男性らしさ」という調査結果と一致しますね。本調査の対象者は留学生ですが、企業のことをよく知っているようです。また、駅などでの女性優先など、社会における性別による異なる扱いについても気付いている対象者がいたようです。自分の国では中々見られないことだったのかもしれませんね。

③「伝統・風習を好む」と回答した理由について

表20（Kato, 2020, p. 34 より作成）

伝統的なお祭り、着物、相撲、京都。（12）
インターネット、新しい周辺機器、新しい言葉。（3）
発展した国ですが、伝統、風習を守る国。（3）

　どちらかというと、伝統や風習を尊重する傾向にあると感じているようですね。どちらでもある、という回答もありました。また、英語などからどんどん新しい言葉を取り入れるところを「変化・新しいことを好む」と解釈した点については、私たちでは中々気付きにくいような気がしますが、皆さんはどう思いますか？

④「社会的階級がある」と回答した理由について

表21（Kato, 2020, p. 34 より作成）

先輩と後輩の関係、特に、会社での上司と部下の地位の関係がはっきりしている。 例えば、若手社員がお茶を用意する、など。（7）
日本人は、グループや会社での地位によって話し方が違う。（4）

筆者が感じる、この結果で最も興味深い点は、日本人は、社会的階級がないと思っているにもかかわらず、階級的・階層的であるという見方が現れたということです。これは、アメリカと日本の文化的傾向を比較した解釈の中にもありましたね。アメリカ人は、自分たちは平等主義的で、日本は階層主義的であるという見方が強く出ていました。

　ホフステードの権力格差という文化次元においては、日本の会社は、一般的に、組織内における階級、職位に非常に敏感である、という結果が出ていました。この調査結果の回答をよく読んでみると、「上司と部下」「先輩と後輩」など、組織内での職位や上下関係を背景に、日本には社会的階級があるようだ、と回答しているようです。

　また、この回答では、言葉による位相の違いにも気付いていますね。これは、コミュニケーションの章で紹介した、日本はどちらかというと高コンテキスト文化傾向にあるということを感じているようです。

　しかし、一方で、社会的階級はない、と感じている回答者もいました。以下は、**④「社会的に平等である」と回答した理由**についてです。

表 22（Kato, 2020, p. 35 より作成）

バイト先では、私たちのような留学生も含め、みんなが同等に扱われる。（4）
社会的階級はあるのかもしれないが、皆それぞれちゃんと生活できているので、そういうことを感じない。（3）

　ホフステード・インサイト（Hofstede Insights, 2019）は、日本では、人々は生まれながらに平等であり、努力次第で前に進むことができるという教育がなされている、と説明していました。こちらの回答は、ホフステード・インサイト（Hofstede Insights, 2019）による解釈と同じ理解をした結果を示しているようです。

　これら 2 つの結果は、相反しているように見えるかもしれませんが、これが回答者らから見た日本社会そのものの姿であり、ホフステードの

文化次元による解釈を後押しする結果ともなっているようです。

⑤「集団主義的」と回答した理由について

表 23（Kato, 2020, p. 35 より作成）

日本人はいつもグループで仕事をしている。（7）
会社の利益が日本人にとって最重要なことのようだ。（2）
チームの調和を重んじるので、日本人は自分の意見をはっきり言わない。（1）

　集団での仕事や目標達成を重んじるなど、集団主義的であるという結果が、この調査でも見ることができますね。また、チームワークを重視するがゆえに、意見をはっきり言わない辺りも指摘されています。しかし、その他の意見も少ないながら見受けられました。

「その他」と回答した理由について

表 24（Kato, 2020, p. 35 より作成）

都市部では多くの人は個人主義的で、地方では集団主義的である。（1）
集団主義的な人は、外部の人に近づかない。（1）

　ホフステードの個人主義・集団主義の結果でも、日本は、中国や韓国ほどは集団主義的ではなく、しかし、西洋の国々ほどは個人主義的ではないという結果が示されました。こちらの結果とも一致するようですね。

⑥「競争的」と回答した理由について

表 25（Kato, 2020, p. 36 より作成）

日本の会社は競争が激しい。（10）

　こちらの回答は、アメリカ人から見た日本社会の姿と一致しているよ

うです。ただ、この見方は、職場や組織における競争というところから切り取った見方のようです。

⑥「調和的」と回答した理由について

表26（Kato, 2020, p. 36 より作成）

日本人の友達は親切だと思った。（1）
日本人は他の人をとても気遣う。（1）

　実際に交流をしてみて、友人としてみた時の考え方を示しているようですね。前章で、コミュニケーションを取るうえで、日本の文化傾向としては相手への配慮に注意を払っているという説明がありましたが、このことを示している結果といえるのかもしれません。

⑦「過去を重視」または「未来志向」と回答した理由について

表27（Kato, 2020, p. 36 より作成）

日本の科学技術の発展。電化製品が先を見越して作られているのは、未来志向から来ていると思う。（9）

　科学技術の発達を見て、未来志向であるという解釈をしている人が多いようですね。回答の中には、面談時に必ず聞かれる大切な質問、と回答した人が数名いました。学校の入試や就職の際、ひょっとすると、将来の希望は何ですか、だとか、将来この会社に入ってどういうことをしたいですか、などというような質問のことを指すのかもしれません。こういった質問から、日本は未来志向である、と感じたようです。皆さんは、どう思いますか？

⑧「面子重視」または「正直さ重視」と回答した理由について

表28（Kato, 2020, p. 36 より作成）

間違ったらあやまる。（8）
相手の気持ちを気遣うために正直に言えない。（3）

　間違ったらすぐに謝罪するという点において、正直であると指摘する回答が多かったのは、とても興味深く感じますね。謝罪に関する筆者のColumnも記載しましたので、後ほど読んでみましょう。また、コミュニケーションを取るうえで、集団内の面子や、相手の面子に気を遣うことが多いと指摘されていた高コンテキスト文化の傾向も、この回答には示されているようです。

⑨「年功序列」または「実力主義」と回答した理由について

表29（Kato, 2020, p. 36 より作成）

年功序列は日本の標識。（14）

　⑥で見たように、日本社会は競争的ではあるけれども、年功序列の制度はしっかりと残っているというイメージがあるようです。皆さんは、どう思いますか？

　次に、**日本、あるいは日本のイメージ**について尋ねてみました。皆さんは、これらの意見についてどう思いますか。

表30（Kato, 2020, pp. 36-37 より作成）

ハイテクな国。（8） Robot（2）, Honda, Panasonic, Toyota, PSP, Shinkansen.
親切。（7）
まじめ。（7）

礼儀正しい。（4）
規則を重んじる。（4）
日本の伝統文化は素晴らしい。（3） Samurai (3), Sushi (3), Kabuki, Sumo, Kimono, Ninja, Japanese tea ceremony.
日本のポップカルチャーは面白い。 Manga (3), Anime (2), pop songs.
人々は忙しい。（2）
治安が良い。（1）
物価が高い。（1）
小さい国。（1）
日本人は冷たい。（1）
日本は小さな島国だから、独特の文化と、とても強烈な独自の慣習を持っている。 （1）

Assignment 5

本章で学んだことから、日本はどのような社会・文化であり、日本人とはどのような価値観を重視する人々と読み取れますか？まとめてみましょう。

4 ▶ 文化次元に対する考え方について

　さて、これまでの文化次元や、アンケートや面接調査に対する回答を見ていくと、いくつか重要なことが分かってくると思います。

　本章の3（2）で最初にあげた日本社会の姿は、アメリカ人が見た日

本の姿でした。筆者が対象としたアンケート調査はアジア出身の学生が中心でした。このほか、筆者は面接調査も行いましたが、対象者は欧州出身の学者でした。この面接調査結果については、本書とは別の機会に発表する予定ですが、アメリカ人・アジア出身者・欧州出身者が見た日本、さらに、ホフステードの文化次元とでは、調査の方法や対象が異なりますので、単純に比較することには注意を要します。しかし、このような調査結果をより多く概観することで、日本社会や文化の姿がより多角的に見えてくるものと思います。例えば、コミュニケーションを行ううえでは調和的であるが、職場では競争的であるとか、職場や学校での職位や学年に敏感であるけれども、社会的な階級としては差を感じていないなど、場面によって違う姿を感じ取っていたことが見えてきました。細かい点を見ていくほど、より理解が深まりそうですね。

　私たちは、文化的な価値観に影響された価値基準をある一定程度持ち合わせていて、そのフィルターを掛けたまま、こうしたアンケート調査に回答をします。また、その結果を見る私たち自身にも、そのフィルターは掛かっているといえるでしょう。このような注意点はあるものの、本章の2で述べたホフステードの文化次元は、より多くのサンプルから、それぞれの文化がもつ平均的な価値観、傾向の平均値を示すことに成功しました。今後の異文化コミュニケーション研究においても、引き続き重要な資料として存在し続けることでしょう。

　ただし、ここで注意しておきたいことがあります。これまで、異文化コミュニケーションに関する研究により明らかにされてきた、それぞれの国が持つ文化的な価値観・価値基準の特徴に注目してきましたが、これらの数値はあくまでも平均値であるということです。これらの特徴は、厳密にいってしまうと、国という大きな枠組みだけではなく、都道府県、市町村、各家庭、そして、個人によって、それぞれ若干違ってくるということは、十分にあり得ます。

これまで、日本文化を表現する様々な言葉を概観する中で、「日本って、そうかな？」「私は、違うと思うけどな…」と、回答結果と自分の感覚のずれを感じた人がいたかもしれません。また、両親がそれぞれ別の国で生まれ、さらに両親とも違う第3の国で成長した人などは、その人は少なくとも3つの国や地域の文化的価値観を持っていて、それに応じた行動基準を自らのアイデンティティに取り入れることが可能な状態です。このような環境で育った人の価値観、行動基準は、果たしてどの枠組みに入ることができるのでしょうか？

　こうして考えてくると、それぞれの文化的特徴をくくり、語ること自体に、どのような意義があるのか、と疑問にも思えてくることでしょう。繰り返しになりますが、こうした文化的枠組みを学ぶことの利点について、ここで改めて整理していきましょう。

　まずは、それぞれの文化が持つ価値観には、その文化に属する人々の考え方や行動を形作る機能があると述べました。こうした調査結果から、皆さん自身が、自分というアイデンティティを形成している価値観、社会、文化とはどのようなものなのだろうか、ということに対し、より客観的に考えるきっかけを与えてくれたと思います。

　さらに、これらの調査結果は、これまで、多くの分野の研究者をはじめ、国境や海を越えて活動しようとしてきた先人たちが、一体どうしたら異文化環境下においてうまく目的を達成することができるか、円滑にコミュニケーションが取れるか、そしてお互いを理解することができるか、ということを模索しながら、積み重ねられてきた貴重な情報の蓄積です。これらの情報は、あくまでも平均値であり、全員に当てはまることではないことは事実です。しかし同時に、皆さんが、これから海外へ行くとき、あるいは海外出身の人と肩を並べて仕事をするときの、道しるべと考えることもできそうです。

　最初に述べたように、異文化コミュニケーションに公式はなく、正答

はありません。社会や文化は常に変わっていくものです。多くの人や物が短時間で移動する時代においては、それぞれ独自の文化に新しい要素が加わり、さらなる変化を遂げていくことでしょう。これまでの調査結果は、これから皆さんがこうした変容し続ける文化を理解するための切り口となるものであり、異文化間において実際に活躍するための、**ある程度の指標**として考えておけばよいと思います。このような学習を通して見聞を広め、自らの体験も重ねながら世の中の多様性を知り、その面白さを発見してほしいと思います。

　さて、ここでは、異文化について学ぶ利点を述べましたが、物事には表裏があるように、こうした学びの盲点、落とし穴がないわけではありません。これから、皆さんにはそのことについてしっかりと学んでいただき、学びをマイナスとしないように注意してほしいと思います。

Column 4

● 謝罪や責任に関する一考 ●

　何か自分が間違ったこと、悪いことをした時、いつまでも言い訳ばかりしていたり、もじもじしていたりすると、親に「ちゃんと謝りなさい！」と叱られた経験はありませんか？

　現代の日本は、物事の透明性が厳しく問われる風潮がある社会となっているようです。例えば、組織内において、重要な情報を隠蔽したり恣意的に操作したりすることを良しとせず、もしもそうしたことが見つかった場合には、組織のトップが謝罪をする、という場面をテレビなどで見たことがあると思います。

　これに対し、筆者の経験上の話ではありますが、イギリスでそのよう

な記者会見をあまり見たことはありません。また、イギリス滞在時での個人的な物事のやりとりにおいて、こちらとしては謝罪に値すると思われるようなことで、相手側に謝罪されたことは1度もないと言ってもいいかもしれません。例えば、学費や宿泊費を二重請求されたり、返却したはずの図書が返却されていないと言いがかりを付けられたり…数え上げたらきりがありませんが、前者の場合は領収書、後者の場合は実際の図書のありかを図書館内で差し示すと、彼らは一様に、それまで攻撃的だった態度が豹変し、何事もなかったかのようにどこかへ消えていきました。自分に間違いや失敗があった時は、親に言われた通り、まずは「ごめんなさい」なんじゃないの？と何度も思ったものです。

　そのことを、アメリカやイギリスの滞在歴が30年以上になる、ある日本人の大学教授と話した時、「謝罪の重みが違うのではないか？」と指摘されました。

　確かに筆者が経験した中では、中々謝罪しようとしないかわりに、ひとたび非を認めると、必ず何らかの補償、あるいは代替案を示してきます。謝罪することはすなわち、責任を取る、ということと表裏一体なのかもしれません。また、話は若干逸れますが、イギリスでは一般的に、何か問題があった場合、クレームを申し立てることは当然の権利で、相手の責任を問うことは我慢することではない、という認識のようです。

　「謝罪」や「責任」に対する考え方について、多くの興味深い著書があります。そうした著書を読むのも、それぞれの文化に住む人の持つ価値観を理解するうえで面白いのでは、と思います。

第4章

異文化コミュニケーションに
おける心理的側面について

前章では、それぞれの文化が重視する価値観に関する特徴を概観しました。それぞれの文化によって異なる価値観は、私たちのコミュニケーション活動のみならず、自分自身のアイデンティティにも影響を及ぼしていると考えられることが分かりました。文化によって異なる価値観の特徴をよく学び、それらを臨機応変に使い分けることで、異文化環境下で仕事や勉学の目的を達成しやすくなったり、文化的・言語的背景の異なる人々と好ましい関係を持つきっかけを持つことができたりしそうです。しかし、他の国と比較してより多民族・多文化からなる社会を形成している国々では、ほぼ常態的に、異質な文化を持ち合わせる人々に対する排他的な現象は止むことがないようです。人は、それぞれ異なる価値観を持つものである、ということを理解できるにもかかわらず、それを受け入れることを困難にさせている原因として、いったい何が考えられるでしょうか。ここでは、異文化コミュニケーションにおける文化衝突の心理的な背景を見ていくこととします。

1 ▶ 異文化コミュニケーションにおける心理的側面

　この章では、心理学的な学びが少し入ってきます。異文化コミュニケーション活動をする際に、私たちの頭の中では何が起こっているのかを、少しずつ見ていきましょう。

（1）自分に対するイメージ：自己概念

Brainstorming 15

あなたは、自分のことをどのような人だと思いますか。思いつくまま言ってみてください。

「あなたはどんな人ですか」と尋ねられたとき、様々なイメージがわいたと思います。例えば、身体的特徴や外見、性格や態度などがあげられたと思います。このようなイメージがつながり合い、構造化された自分についての知識を、自己概念といいます。心理学では、この自己概念の中には、自己に対する冷静で正確な認識と、自己に対する肯定的な感情（自尊感情）があるといい、自己評価がより肯定的である人ほど情緒的に安定し、社会的適応力が高いと考えられているようです（小野寺、2003）。最初に述べた、異文化間能力の中でも、とても大切な要素となりそうですね。

（2）他者に対するイメージ：対人認知

Brainstorming 16

あなたの友人は、どのような人だと思いますか。理由を添えて伝えてみましょう。

（1）の場合と同じように、人は、他者に対するイメージも構造化しているといいます。こちらのBrainstormingで、友人のことを上手に描写できたでしょうか。このように、他者の内面について認識しているこ

とを、心理学では対人認知といいます。私たちが他者の内面を描写するとき、私たちは、その人の容姿や体格・服装などの外見・第1印象などを判断の材料としている、と心理学では考えられています（碓井、2019）。ただし、ここで注意するべきことは、対人認知をする際の情報は、必ずしも正確なものではないということです。他人の全てを知ることは不可能であり、自分が知っている1部分のみがその人について判断する基準となっているのです。また、これは自己概念にもいえることですが、様々な要素を判断する際の基準値には、違いがあるということです。それは、個人差もありますが、これまで見てきたように、こうした判断基準にも文化的な影響が含まれるということがいえます。この点については、本章の2（1）にて後述します。

（3）データのフォルダ化：スキーマ

Brainstorming 17

突然ですが、中学校時代のことについて尋ねます。楽しかった思い出、その逆、いろいろあると思います。それでは、中学校時代の先生の名前をあげてみてください。

　こちらのBrainstormingでは、「中学校時代の先生」という枠組みで、名前を思い出してもらいました。中には、名前は浮かばずとも、先生のイメージが浮かんだ、という人もいることでしょう。それにしても、少し前のことを、よく即座に思い出しましたね。

　認知心理学では、一般的に、人が物事を認知するとき、1つ1つの情報を、ある枠組みに組み込む形で処理していくもの、と考えられています（小林、2006）。例えば、皆さんが中学校の修学旅行でたくさんの写

真を撮ったとします。また、体育祭でも撮ったかもしれません。それらのデータを保管するときは、1つの大きな「中学校」というフォルダを作り、さらに、「修学旅行」や「体育祭」という下位フォルダを設けて入れておく、ということをすると思います。ある一定の枠組みのフォルダに入れておく方が整理されますし、後から呼び起こす時にも速いですよね。

　人の頭の中でも、同じようなことが起きていると考えられています。つまり、先ほどの「中学校時代の先生」は、皆さんの記憶の奥深くに、「中学校時代」というフォルダがあって、その下位フォルダに「先生」というフォルダが入っている、と考えられるわけです。

　また、この頭の中のフォルダは、それぞれの経験によって異なるものとなります。例えば、日本の中学校に通っていない人は、「中学校時代」というフォルダそのものがありません。その代わりに、その人が経験したことからなるフォルダが存在します。例えば、イギリスでは一般的に、日本でいう小学校高学年から高校生までの間（11歳から16歳）にセカンダリー・スクールに通うので、「セカンダリー・スクール時代」という別のフォルダが存在するわけですね。

　このフォルダのことを、心理学では「**スキーマ**」と呼んでいます。広義には既成知識の体系といわれ、狭義にはある対象物の概念的知識のことを指す、といわれています（岩崎、2004）。

　先ほども少し触れましたが、「既成知識」ですから、このスキーマ（フォルダ）は、それぞれの経験によって異なるものが存在します。そして、人は、このスキーマを通し、物事を判断している、ということなのです。経験によって異なるスキーマは、先ほどの例でもあるように、国や文化によって異なることもある、ということなのですね。

Question 13

「燃やせるもの」「燃やせないもの」というスキーマには、何が入っていますか？またそれは、日本以外でも同じでしょうか。

（4）ある出来事の原因は何？：原因帰属

Brainstorming 18

ある晩、あなたは夕食にアワビを食べました。その後、片付けをした時、残りの貝殻が「燃やせないゴミ」のなかに入っていました。あなたはどう思いますか？

原因帰属とは、少々難しい専門用語ですね。これは、人々が、自分自身や他人の行動・行為、ある出来事やある状態の背景にある要因について知覚し、推論する過程を指すといわれています（釜屋・結城、2008；松山、2010）。また、この原因帰属という頭の中の推論は、自分が期待していない出来事が起きた時に想起しやすく、のちの感情にも影響を及ぼすという研究もあります（太田、2012）。

そして、こうした推論の過程においても、文化的差異があるものといわれているようです。釜屋・結城（2008）によると、その原因を、個人の性格や特性に求める場合と、それぞれの置かれた環境や状況に求める場合とで文化的差異があるとされ、北米の人は前者、日本を含めた東アジアの人々は後者に頼る傾向が強いそうです。

若干、専門的なお話になりました。ところで、この推論とは頭の中で起きることですよね。ということは、原則的には、自らの知識や経験を

もとに推論を行うことになります。自らの知識・経験は、スキーマと呼ばれる記憶フォルダの中に入っています。そして、それらは、人によって異なる形態をしています。先ほどのイギリスの学校の例でも分かるように、文化によって、相当な違いがありそうですね。さらにややこしいことには、これらのスキーマに入っている知識や経験などの情報は、必ずしも「正確」なものばかりではありません。例えば、皆さんの周りに、左右を間違えて覚えている人がいませんか？彼らの左右に対するスキーマは、残念ながら、私たちが一般的に共有している、つまり正確とされる考えとは一致しませんよね。

　ここで、先ほどの例題の話に戻りましょう。日本の多くの自治体では、貝殻は燃やせるごみの分類に入っています。貝殻はカルシウムなので高温の焼却炉で燃やすことができる、という理論に基づいているそうです。さらに、日本では、ごみは各自治体が責任をもって収集し、高温の焼却炉がある、という事実にも基づいています。

　しかし、ここで、ある国から来日した男性が、衝撃的なことを言いました。「貝は硬いし燃やしません」。これは、横田（1995）により紹介されたエピソードです。その男性は、おそらく、自分の経験に基づくスキーマから、貝殻についてこのように判断したのでしょう。彼の国では、ごみを収集し、高温の焼却炉で燃やす、という仕組みがなかったのかもしれません。いずれの場合にも、彼の頭の中には、「貝殻は燃やせるごみである」という結論につながるスキーマはなかった、ということといえるでしょう。

　そもそも、地域の自治体や近所の方に、貝殻は燃やせるごみなのかどうか聞いてくれればよかったのに…と思うかもしれませんが、もしもこれが皆さんだったら、どうしますか？どこか目的地へ行く際に、その方向が分からなかったときは誰かに道を尋ねざるを得ません。しかし、貝殻というごみです。これまでにも日常的に扱っているものです。それを

わざわざ、自治体に電話して聞くでしょうか。「貝は燃やせるよね、きっと」と、簡単に判断しませんか？あまりに日常的で些細なことなので、先ほどの男性は、自らのスキーマに基づいて判断した、ということなのでしょう。

　まとめていくと、出来事や行為の原因を推論する過程で、すでに文化的な差があるというところへ加え、そもそものスキーマ自体が文化によって差異があるとなると、異なる原因帰属をしてしまいがちとなり、ついには解釈が食い違ってしまう、ということが、日常的で些細なことの中にも起こり得る、ということなのです。

（5）ステレオタイプと偏見

Brainstorming **19**

日本人は○×である、というとき、あなたは、どのような言葉を入れますか？

　これまで、自分や他人を認知し、判断するときの過程や仕組みについて説明しました。自己概念、対人認知と学んできましたが、私たちは、ある特定の集団、団体に対しても一定の認識があります。上の例題がそのうちの１つで、日本人についてのイメージを教えてくれた留学生たちの資料を既に読んでいる皆さんはきっと、何かしらの言葉を入れることができたでしょう。そして、おそらく皆さんは、上にあげた言葉は、あくまでも典型を示したものであり、必ずしも全ての日本人に当てはまるものではない、ということにも気付いていることでしょう。こうした、**特定の集団に対する固定的な概念、単純化された一般的なイメージ・典型を、ステレオタイプ**と呼びます（根橋、1999）。

自分が属しているのとは別の、特に未知の集団との相互作用において何かしらの判断をするとき、人は、このステレオタイプを用いることがあるといわれています。例えば、Aさんはフランス人だからおしゃれなのだ、Bさんはアメリカ人だからフレンドリーなのだ、と考えるとき、「フランス人」「アメリカ人」という集団に対するステレオタイプを用いながら判断しているということです。

　このステレオタイプには、注意しておくべき特徴があります。小林・及川（2018）によると、まず、ステレオタイプには、ポジティブな面（優しい、真面目など）と、ネガティブな面（冷たい、不真面目など）があり、どちらかというとネガティブな面が多いというのです。そのため、**特に未知の集団に対しては、ステレオタイプのネガティブな面をもとに判断しがちである**ということなのです。つまり、ステレオタイプで判断することが、判断の誤りを招くだけでなく、どちらかというと否定的な解釈をする可能性が高いということなのですね。

　そもそも、私たちの中にあるこのステレオタイプの情報は、何処から来るのでしょうか？例えば、イタリア人は明るい、などと、イタリア人の友人や知人が1人もいなくても、ついそのように考えてしまうのは何故なのでしょうか。

　それは、何かしらの方法で、頭の中にインプットされた情報があるから、といえそうです。テレビ番組や映画、雑誌やインターネットなどのメディアを通し、私たちの頭の中のイタリアというフォルダに、イタリアに関する情報がどんどん蓄積されていきます。また、仮に、1人のイタリア人の友人がいたとしましょう。あなたは、その友人の情報や友人との交流経験を、イタリアというフォルダの中にどんどん入れていくことでしょう。このようにして、イタリアに対するフォルダはやがて、一般的な固定概念、ステレオタイプを形成する要素となっていくのです。私たちの頭の中では、こうやってステレオタイプが出来上がっていくの

ですね。

　さて、先ほど、頭の中にあるスキーマ（フォルダ）は、必ずしも正確な情報が入っているわけではなく、その多くは自らの経験から得たもので成り立っている、と述べました。ここで、改めて振り返ってみましょう。メディアによる情報や、イタリア人の友人との交流から得た経験は、果たして本当に、イタリア人とは…と集団全てをくくることができるほど、正確といえるのでしょうか。このように考えてみると、私たちの頭の中にあるステレオタイプは、必ずしも正確とは言い切れなさそうですね。しかも、どちらかというとネガティブな面が多く蓄積されてしまうというのですから、ステレオタイプは、異文化コミュニケーション上では要注意な心理的反応といえるのです。

Brainstorming 20

　ある時、海外出身の方から「日本人は恐ろしくて粗暴だ」と言われました。
あなたは、どう思いますか？素直な感想を話してみてください。

　さきほどのステレオタイプをもとに、人は、より感情的・非好意的・非合理的な判断をすることがあります。例えば、「〇〇人種は野蛮だ」「××人は恐ろしくて粗暴だ」というような考えです。冷静に考えれば、これはとても非合理的な考えで、いかにも極端にまとめられている言葉ですよね。また、相手を否定しているようなネガティブな感情が見受けられます。このように、必ずしも正確とはいえないスキーマ（フォルダ）の情報に基づいて作られたステレオタイプをもとに、**ある対象について過度に一般化し、より感情的で非好意的な態度をあらわすことを偏見**と呼びます。なお、ここでいう態度という言葉は、社会心理学における専門用語として用いられています。川端（1995）、小林（2006）によると、

この用語には、ある事柄のとらえ方、好きだとか嫌いだとかの感情、そして、実際の行動の手がかりとなるような心理的状態が含まれるということで、実際に外から見える態度とは違い、個人の内面にある心理的傾向といえます。

　そして、人は、このような偏見を元に行動を起こすことがあります。例えば、ある特定の集団やその構成員に対して危害を加えたり、別の集団が有利になるために、間接的にある特定の集団が不利となるようにしたり、そうした行為が社会制度上まかり通っている、などという場合です。このように、**ある特定の集団やその構成員に対する不公平な行為をすること、これを差別と呼びます**（川端、1995；池上、2014）。例えば、「日本人は恐ろしくて粗暴だ」という偏見があるところへ、日本人を巻き込んだ暴力事件が起きた時、現場を見てもいないのに「日本人が犯人だ」と通報する、というような場合、これは差別的行為といえるわけです。

　人々は、偏見は良くない、偏見に基づく差別はいけない、と分かっていながらも、これを止めることができないでいるのは何故なのでしょうか。

　池上（2014）は、心理学における様々な偏見の研究史について概観し、偏見が起こる心理学的なメカニズムに関する様々な研究を述べています。また、小林（2006）は、偏見には社会的な機能があるといいます。彼らの研究から、1つの大きな機能を紹介しましょう。それは、自己防衛的機能と呼ばれるもので、人は目的を達成できなかったとき、その欲求不満が攻撃衝動となって、攻撃の対象が他集団に向けられる、というものです。そしてその特徴は、自分の所属する集団の利益や、その集団に所属している自らの自尊心を守るための偏見や差別は、適応的な心理的反応である、ということです。また、近年の傾向としては、あからさまに偏見や差別を表現するのではなく、内心に否定的感情を持っている場

合があるといいます。さらに、社会的・経済的格差の原因を本人の努力不足とみなし、社会的弱者は自らの権利を過剰に主張して過度に優遇されている、と考えたりする場合もあるようです。前者は、嫌悪的人種差別主義、後者は現代的人種差別主義といわれています（池上、2014）。このような傾向は、特に現代の多民族・多文化共生社会においてみられる兆候と思われます。他にも、偏見に関しては実に様々な見解がありますが、長年の研究で明らかになっていることは、こうした**自己防衛や適応に基づいて起きる偏見は、人に備わるむしろ正常な心理的反応である、という説が主流**であることです。偏見や差別は社会的に否定されるものである、と分かっていても、中々減らすことができないのは、このような原因があるからなのですね。平たく言えば、偏見に基づいて異質な他者を否定し、差別的な行動を取る方が自然、ということなのでしょう。

　しかし、**だからといって、偏見・差別を容認してよいということにはなりません。**ある人にとって、偏見に基づいて差別的な行為をすることが、自己防衛的で欲求を満たす正常な心理的反応だったとしても、それは他者を傷つける行為となり得るのです。先ほどの質問で、「日本人は恐ろしくて粗暴だ」という言葉を聞いた時の、皆さん自身の感情を思い起こせば、どういうことかがきっと分かると思います。また、これを読んでいる皆さんがいろいろな意味で日本人でなかったとしても、あまりポジティブな印象を受けなかっただろうと思います。

　差別的な行為が、相手にどのような影響を与えるか、ということを考えられないような人が、いわゆる「先進国」あるいは「文明国」に住むのに相応しい人、といえるのでしょうか。また、そのような行動を取る人と、本当に相互理解などできるのでしょうか。

　異文化コミュニケーションの基本は、お互いを理解しようという気持ちがとても大切であると説明してきました。異文化間で交流するときは、

少しずつお互いに歩み寄る姿勢が重視されます。その行動には、自らの文化的・社会的アイデンティティや、自己の利益に対する危機をもたらす可能性が伴うかもしれません。けれど、ひょっとすると、それが自らの価値観を広く深くする機会となり、お互いに新たな利益や価値観の創造ができるかもしれません。これはかなり楽観的な考え方ですが、こうした考えに基づいて行動を取ることは、少なくとも世界を分断するような差別的行為よりは、倫理的にかなっているものといえるのではないでしょうか。

　また、ここで重要なのは、私たちの中にはどうしても、偏見があるということを認識したうえで、それをどう理性的に是正していくか、ということを問題にするべきだということです。例えば、頭の中にある、情報や経験によって得られたスキーマ（フォルダ）、これを基盤にステレオタイプ、さらには偏見が起こるのが自然なことというのであれば、基盤そのものを変えればよい、すなわち、入ってくる情報そのものを人為的に変化させればよいのでは、という研究や、仮想体験による偏見の減少を目指す研究もあるといいます（池上、2014）。このように、現在、多くの研究者によって、偏見を正面からとらえ、それを是正するための研究が進められているのです。

（6）自文化中心主義

　さて、これまでは、異文化コミュニケーション活動をする際の、人の頭の中で起こる心理的反応を中心に見てきました。ここでは、こうした心理的反応が、異文化間交流の際に起こる社会的現象にどうつながるのか、文化人類学という学問分野における視点から少し見ていきましょう。

　先ほど、偏見は、どのような人にでも起こり得る心理的反応といいました。これから、様々な国の人々、文化に触れあう中で、この偏見が社会的現象としてより分かりやすく顕在化した例を挙げてみたいと思いま

す。ここで注意しておきますが、これから説明する自文化中心主義の起こる過程は、全ての人が経験したものではありません。あくまでも、その1例として読み進めてください。

　ここで示す事例は、大航海時代の西欧が舞台です。この時代、西欧の国々が世界各地における植民地支配を進める中で、かつてない多くの西欧出身の人々が、様々な異文化に接することになりました。この時、彼らの頭の中に既に存在しているスキーマ（フォルダ）では、そのあまりに異質な情報を処理しきれなかった人が少なからずいたものと考えられます。現代よりもずっと情報量の少ない時代ですから、その衝撃の大きさは相当なものだったであろうと想像できますよね。

　そこで、彼らは、未知のものの評価をする際に、自分の価値観、すなわち自分の文化を基準としたのでしょう。しかし、自分の文化的価値基準というフィルターを元に異文化の評価をしていく中で、自己防衛あるいは自己利益を存続するための心理的反応の影響により、その文化に対するネガティブなステレオタイプ、そして偏見をも生み出されていったこともあったのでしょう。やがて、この偏見に、当時の西欧諸国は世界で経済的に優位であったことも加わり、自分の属する文化は非常に優れており、それに比べて他の文化は、野蛮で、未開で、無知で、非科学的である、ととらえるようになります（辻内・河野、1999）。これを、文化人類学では、自民族中心主義と呼びます。異文化コミュニケーションの世界では、自文化中心主義と呼ぶことが多いですので、ここでは**自文化中心主義**と表記します。

　さて、偏見が、それを持つ者に対して優位的ともいえる社会的機能を持っていたのと同様に、自文化中心主義は、それを支持する人々にとっては、西欧諸国の植民地支配を正当化する都合のよい根拠となったようです。そのような人々の言い分は、例えば、「我々の神と、その信仰に基づいた文化的な生活を、神を持たない彼ら（被植民地に住む人々）に

もたらし、我々の先進的で科学的な生活を、野蛮で無知な彼らにもたらしてあげなければならない」ということだったのかもしれません。そして、植民地支配（と同時に行われた布教活動）は、神から授かったミッションであり、それこそが人類発展への貢献である、というふうに考えたこともあったであろうと想像できます。

　ちなみに、ここでいう「神を持たない彼ら」というのは、被植民地側に信仰する宗教がなかった、ということではありません。キリストという神を持たない、という意味であると考えられます。キリスト教は宗教の大まかな分類でいうと一神教であり、ある信者にとっては、他の宗教による神はもはや神ではない、ともいえるのです。まさに、信念そのものといえそうですね。

　この、**自文化中心主義の特徴は、文化に優劣を付けた点にある**といえるでしょう。自らの文化を最優先とし、他の文化を下位に位置づけるのです。こうした考え方は、西欧諸国による植民地支配の時代が終わってもなお、あちらこちらに息づいているものといえます。特に、貿易における交渉では熾烈です。例えば、様々な国の中には、自国の経済的利益を過度に保護しようとする動きもみられますが、これは、ある意味で、自己防衛的な心理的反応ともいえるのでしょうし、自文化中心主義のあからさまな表れともいえるのでしょう。

　文化人類学の中では、この自文化中心主義に対する批判的な考え方も生まれています。しかし、その考え方は現在も発展中であり、まだまだ議論の余地がありますので、別の機会に取り上げたいと思います。ここで皆さんに重視してほしいのは、**過度でネガティブなステレオタイプが、偏見となり、差別となり、それはやがて自文化中心主義となってしまうようなことが、誰であっても起こり得る**、ということです。この自文化中心主義は、前に説明した信念となって、それを信じる人々をほぼ盲目的に突き動かし、時には残虐的な行為まで正当化されてしまうことが十分

にあり得ます。このことについては、各国の偏見や差別に関する歴史が
よく物語っているといえるでしょう。

　けれど、これは心理的反応であり、人として抗えないものであるから
仕方がないと、同じ問題、同じ失敗を繰り返すのでは、様々な分野で文
化衝突の研究をすることの意味がありません。繰り返しになりますが、
まずは**人間の心理的反応として、どうしても偏見が起こり得るのだという
ことを自覚し、これまでの人類の異文化間交流の歴史の中で、自文化中心
主義に走った国々の、何が問題だったのかを学び、分析することが重要**と
いえるでしょう。そして、**どうしたら問題を回避できるのか、どう行動
すべきなのかを深く考えてみる**ことが大切です。幸い、人間には考える
脳があります。そして、未来は、人間の行動1つでいかようにも変え
られるのです。異文化コミュニケーションの学びは、異文化の人とうま
くコミュニケーションを取る、ということが前面に出ていますが、その
背景には、さまざまな学問体系に関わる学びが必要になってくる、広く
て深い課題なのです。

Assignment 6

以下のいずれかのトピックを選び、文献を読んで、以下の質問について
まとめましょう。

▌トピック

・奴隷貿易

・キング牧師

・Black Lives Matter

・その他、偏見や差別に基づく歴史的事件（国内外を問いません）

2 ▶ 異文化適応の過程と影響

　これまで、異文化コミュニケーション活動を行ううえで起こり得る心理的な背景を見てきました。未知の文化に出会い、自らのスキーマでは処理しきれない情報がたくさん入ってくる時、人は少なからず衝撃を受けるものといえます。この衝撃は、時に、心身に大きな影響を与えるものとなると考えられています。ここでは、人が異文化に出会った時、その異文化環境に心理的に適応していく過程と、それが心身に及ぼす影響について見ていくこととします。

（1）文化的アイデンティティ

　さきほどの、自己概念について説明する際、皆さんに、自分自身についてイメージしてもらいました。この、「私」という概念にすら、実は文化的な影響がある、といわれています。このことについては、既に文化的な価値観の説明の際に少し触れましたが、ここでもう1度おさらいしましょう。

　人は、ある文化の中で成長する過程で、その文化を共有する人々が

重視する価値観を学習しながら、自らのアイデンティティを形成していきます。文化的な価値観は、ものの見方や考え方、行動様式やライフ・スタイルのみならず、好みなどの嗜好や感じ方などの情緒面にも影響を及ぼすものでもあることから、ある文化の価値観は、その文化に属する人々の、個人的なアイデンティティの形成にも大きな影響を及ぼしていきます。

　北山（1994）は、ある文化の中には、その文化において共有されている、自己概念に関するいわばモデルがあり、人々はそのモデルに従ったり、または従わなかったりしながら、個人的なアイデンティティを形成するものである、と説明しています。また、箕浦（2003）は、外見がどうあれ、自らをある文化に所属する者であると認識する決め手は、その文化集団に特有な行動様式、興味や好みや考え方、ライフ・スタイルなどを体得しているかどうかであり、このような文化的価値観を自分のものであると感じた時、その文化への帰属感が強まるといいます。さらに、ティン＝トゥーミー（Ting-Toomey, 1999）は、ある集団で共有される文化的価値観は、その文化に所属する人々の連帯意識をも形成する、と説明しています。**ある文化の一員として形成されるアイデンティティと、ある文化に属する人々の間で共有される連帯意識または所属感を、異文化ミュニケーションの世界では、文化的アイデンティティと呼びます。**

　つまり、「私」という自己概念は、今とは異なる文化で育っていたとすると、今の私とは違う私となり得る、ということをも示しています。驚いてしまいますね。どこに行っても、私は私だ、と言いたいところなのですが、そうでもないようです。このような、文化的アイデンティティは、一体どのような形で現れるのでしょうか。

　ごくごく簡単な例として、外見の自己概念から見ていくと分かりやすいかもしれません。もしもあなたが、「赤色の服を着なければならない」というA文化の元で育ったとします。そのA文化で、自分の外見を思い

浮かべるとき、全身赤色の服を着ている姿を思い浮かべることでしょう。また、その文化で正しいとされている服装をする自分は、真面目であるという自己概念が生まれ、それにより自尊心も育まれることでしょう。また、他のどれでもない、A文化に所属しているのだ、という連帯意識も持つことでしょう。

しかし、何らかの理由で、その文化の中で、赤色以外の服を着なければならないとするならば、自分はその文化の価値観に背いていることになります。意図的にそうしているのならば、自分は不真面目あるいは反抗的であり、非意図的ならば自尊心は傷つき、場合によっては堕落者であるという自己概念さえ持ってしまうかもしれません。その文化に所属しているというよりも、孤立しているという感覚をも持つことでしょう。

しかしこれは、服装の色にこだわらないB文化では、ほぼ意味を成さない行為となります。B文化において、赤色の服を着たところで、私は真面目と考えたり、自尊心が育まれたり、連帯意識を持つようなことは、起こりづらいでしょう。逆に、赤色以外の服を着ていても、その行為が自分は不真面目で堕落者という自己概念の形成や、孤立感を持つことにはつながりにくいでしょう。

さて、いかがでしょうか。A文化で出来上がったあなたと、B文化で出来上がったあなたとでは、全く違う人物になっていそうですね。仮に、赤色以外の服を身にまとっていたとしたならば、一方では自尊心が傷ついた状態であるかもしれませんが、他方では服の色による自尊心への影響はほぼないといえるでしょう。逆に、どちらの文化においても私は真面目だ、という自己概念を持っているとしたならば、外見が全く異なってくる可能性が高いといえるでしょう。少なくとも、B文化では、赤色の服を着ることに専念しないと思われます。外見も含めた、私という自己概念のイメージも違ってきますよね。このような形で、文化があらゆる場面で人々の個人的なアイデンティティに影響を与えていると考えら

れています。繰り返しになりますが、このように、特に文化による影響を受けた個人的なアイデンティティを、異文化コミュニケーションの世界では文化的アイデンティティと呼ぶのです。

　ここで、文化的アイデンティティに関するとても有名な仮説を取り上げたいと思います。箕浦（2003）は、アメリカに住むことになった日本人の、文化的アイデンティティの拠り所となる文化的価値観の体得と年齢の関係性について調査をしました。それによると、既に文化的アイデンティティが確立している日本人の成人は、仮にアメリカに長期滞在し、アメリカの文化的価値観のもとに行動をしていたとしても、日本において形成された、いわば日本的な文化的アイデンティティは失われることはありません。また、彼らは、自らの行動様式を滞在国の人々ように調整することで、文化的価値観の違いによる様々な葛藤も乗り越えられるといいます。

　しかし、ある国や地域の文化的価値観に基づく文化的アイデンティティがまだ形成過程にあると考えられる子どもが異文化に触れると、様々な混乱、不適応を招くことがあるといいます。そして、箕浦（2003）は、文化的アイデンティティの拠り所となる文化的価値観の体得には、年齢による臨界期があると述べています。すなわち、9歳から11歳未満でアメリカに移住した日本人の子どもは、異文化における行動様式を比較的スムーズに体得し、14歳から15歳以降の子どもは、日本の文化的価値観を保持しつつ、外見上行動を変えることで、行動上ではいわばバイカルチュラルに振る舞うことができるといいます。しかしながら、11歳から14歳の間にアメリカに移住した子どもは、アメリカの文化における行動様式に不協和を感じ、また、日本での行動様式も容易に消されるものではないというのです。

　このように、箕浦（2003）は、対人関係における文化的価値観を体得する重要な年齢を、9歳から15歳までの間であると位置づけました。

そして、文化的アイデンティティが個人のアイデンティティの形成に組み込まれ始めるのは、11歳ごろからであると説明しています。このように、人々は成長する過程で、アイデンティティの形成にまで文化による影響を受けるものなのです。

（2）カルチャー・ショック

人は、自分が慣れ親しんでいるのとは異なる文化に出会った時、カルチャー・ショックを受けるといいます。**カルチャー・ショックとは、異文化に接した時に起こる心理的な混乱をさすといわれています。**

なぜ、このようなことがおきるのでしょうか？先ほどのA文化、B文化の例でみていくこととしましょう。

Question 14

「赤色の服を着なければならない」というA文化で、その文化の規律を守り、またそれによって自尊心も育まれた人が、服装の色にこだわらないB文化でしばらく暮らすことになったとしましょう。この時、この人はどんな体験をすると思いますか？あらゆる局面から想像してみましょう。

★考えるときのヒント
自分がもしそのような立場になったら、という視点から考えられるか？

最初は、ほとんどの人が服の色にこだわらないことに、戸惑い、困惑することでしょう。そして、次第に、B文化ではA文化のような価値観は尊重されていないと理解するようになっていくことでしょう。

けれども、頭では理解しても、異なる文化を受け入れて自分自身を変えられるかどうかは、その人次第となりそうです。異なる文化や価値観

に、より柔軟であったり好意的であったりするならば、B文化の習慣にほどなくして慣れ、次第にB文化の人がするように自由に服の色を選ぶことに、それほど抵抗や苦痛は感じないことでしょう。

　しかし、A文化の価値観こそが世界で最も重要と厳格に教えられて育ち、その価値観がまた、自らのアイデンティティの強い拠り所となっていたとしたら、どうでしょうか。A文化の価値観に深く同化していればしているほど、その信念を変えるのは容易ではなさそうです。

　なぜそれほど容易でないのか、ここに1つ例をあげてみます。例えば、A文化は、ある特定の宗教に対する信仰心の厚い地域で、小さなころから、「赤色は縁起のいい色で、それ以外の色は縁起が悪く、神様は赤色を身に付けた者のみ護ってくれる」と教わってきたとしましょう。こうなると、赤色の服を着ることは、習慣や風習などの文化的な側面だけではなく、信仰という宗教的な側面にもかかわってきます。その価値観が、自らの文化的アイデンティティに加え、信仰にもかかわってくるとすると、「A文化の単なる1つの習慣だから」という言葉で切り離すことは容易ではありません。A文化の価値観に従わないということは、自らが信仰し、生きる拠り所としている神への冒涜となりかねないのです。

　宗教の信仰心に対する感覚をつかみにくい人にとっては、このことは信じがたいことかもしれません。けれど、第3章1（1）で、信念を持つことに、証拠や証明は不要と述べたとおり、ある宗教の神を信じている人々にとって、その神の言っていることが本当かどうかは問題ではないのです。その宗教の神の教えに従って生きることこそが最重要事項であり、その宗教を信仰している人々の生きる拠り所となっているからです。このように考えると、自身の信仰心、生き方、価値観に背く行為をすることは、中々に難しいことだと思いませんか？

　さきほどのQuestion 14のA文化の人の話に戻りましょう。B文化に住むことになったその人は、B文化の人々に、いかにA文化の価値観が

素晴らしいかを伝えようと努力するかもしれません。または、A文化の価値観が分からぬB文化は野蛮と考え、嫌悪を感じてしまうかもしれません。これは、どこかで聞いたようなフレーズですね。そうです、自文化中心主義です。こうなってくると、B文化の中で長期的に滞在することになったとしても、B文化に合わせて自分を変えようとは中々しないであろうことが容易に想像がつくと思います。

　けれども、このような状態では、特に長期間滞在するとき、心身への影響が大きくなる場合があります。A文化の価値観は、B文化では全く尊重されない状況が続くかもしれません。そのような状況の中で、A文化にあまりこだわり続けていると、B文化では、赤色の服を着ることが真面目だとか敬意を表されることだとか思われないどころか、場合によっては奇異なものとして異端視されてしまうこともあるかもしれません。

　さて、自らの育ったA文化の価値観が、こうも真っ向から否定されると、それは自らの文化的アイデンティティが否定されてしまったも同然になります。A文化の価値観は、いわばその人のアイデンティティを保護する役割を果たしていました。けれど、その保護はB文化では全く通用しません。そうすると、A文化の価値観の元で自尊心を保っていた自分というアイデンティティが、危機的状況にさらされることが考えられます。

　この場合のカルチャー・ショック、つまり文化的差異による心理的混乱は、深刻なものとなり得ます。慣れ親しんだ自分の文化における価値観を受け入れてもらえないということは、ともすると、その文化の中で育まれてきた「私」というアイデンティティへの攻撃を受けているのに等しいほどのことだからです。

　また、カルチャー・ショックの原因となる要因は、広範囲にわたります。言語の違いから生活習慣、人間関係の築き方など、あらゆる場面での文化的な違いからショックを受ける場合があるとされています。以下

が、その例となります。

① 風土・習慣・風習の違い。気候や生活習慣の違い、家の造り（トイレの仕組み）など。
② 治安・健康・食事上の問題、医療上の不安など。
③ 言葉の違い・コミュニケーション上の問題など。
④ 現地での人間関係や、文化の異なる同居者との生活に関する問題など。
⑤ 現地での人的サポートの欠如（異国で頼れる人がいない）など。
⑥ 価値観・人生観・世界観の違いなど。
⑦ 社会システム・手続き上の問題。学校教育や授業方法の違いなど。
⑧ 慣れ親しんだ場所、自文化、親族、友人から隔離されたことによる心理反応など。

（小林、2006、p.20 より作成）

　さらに、カルチャー・ショックは、文化や国といった大きな枠組みの中だけではなく、国内でも起こり得るものと考えられています。例えば、進学や就職、転勤などによって転居した場合などにも、慣れ親しんだものとは違う、その地域独特の習慣や文化を発見した時、それがショックとなり得ると考えられています。
　こうしたカルチャー・ショックは、良くも悪くも、それを受けた人の心身になんらかの影響を与えるものと考えられています。悪い影響としては、「頭痛・腹痛などの身体症状や、文化への確固たる所属感を得られないための混乱、孤独感や失望感による感情の激しい起伏、異文化下での言語や社会的交流が上手くできないことによる苛立ち」（Ting-Toomey, 1999, p. 246 より筆者訳）を引き起こすといいます。また、潜

在的・慢性的なパニック状態も含まれるといわれています（小林、2006）。医学的な専門用語を用いると、海外滞在者のこころの問題としては、短期滞在者としては旅行精神病、長期滞在者は反応性精神障害、移住者は多様な精神障害を起こすことが多いといわれていて、よく見られる症状としては、思考の混乱、そう鬱状態、不安、恐怖や脅迫、幻覚や妄想などがあるといわれています（村内、2015）。

　このように、一見、**それほど大きな影響でもなさそうに見えるカルチャー・ショックは、場合によっては心身に深刻な影響をおよぼしかねない**というところが、軽視できない大きな特徴といえるでしょう。しかも、**ショックの程度は人によって千差万別**です。さきほどの Question 14 において、A文化とB文化の違いをどう受け止めるかは、その人次第となる、というのはこういうことで、その場になってみなければわからない、ということなのです。

　また、第1章1（3）で、異文化間能力の1つとして、「ストレスに対処し、個人にとって意味のある生活を送ることができる、心理的な適応能力」が重要である、ということを述べました。さらに、第1章1（3）に示した図1（20-21ページ）の異文化対処力の要素の1つに、「心理的な適応能力」というものがありました。異文化理解の中心的な議論は、異なる文化の理解と外国語の習得にあるのであって、なぜ心理的な適応能力が必要となるのかと疑問に思ったり、やや突発的な表現に感じたりしたかもしれません。異文化理解において、あるいは異文化間能力の1つとして、心理的な適応能力あるいは山岸（1995）のいう自己調整能力が重要視されているのは、異文化間で交流をする際において、このカルチャー・ショックは、ほとんどの場合が、程度の差はあれ避けては通れない現象であり、人によっては軽視できない現象となり得るからです。

　ただ、こうした心理的混乱を乗り越えていくと、結果的によい影響を及ぼすきっかけともなり得るようです。良い影響としては、「身体的・

精神的・社会的な幸福感や、自尊心が高まり、柔軟性や開放的な心の状態が維持され、感性が豊かとなり、不明確な事柄に対する寛容性が高まり、社会的な交流における能力の高さを示すことができるようになる」(Ting-Toomey, 1999, p. 246 より筆者訳) といいます。とはいえ、カルチャー・ショックは、これまで見てきた限りでは、心身に良くない影響を及ぼすという印象の方が大きく感じられます。それでは、人々は、どのような過程を経て、カルチャー・ショックを、このような良い影響にまで変えることができるのでしょうか。

(3) カルチャー・ショックの過程

　さて、このカルチャー・ショックの研究のうち、ここでは、W曲線というカルチャー・ショックの過程を示したガルホーンらによるモデルと、異文化に適応する心理的過程を示したアドラーの説を紹介します。全ての人がこのような段階を踏むというわけではなく、これらの定義に対する批判もあるのですが、カルチャー・ショックの段階の全容と、異文化環境下に置かれた人の心理的過程を理解する資料の１つとして、とても分かりやすいものになっていると思います。

　最初に、W曲線モデルを見ていきましょう。ガルホーンら (Gullahorn and Gullahorn, 1963) は、自らの慣れ親しんだ文化にいずれ戻ることを前提とした人の、異文化に接触した場合の満足度、感情の変化を次の図9のように示しました。

　ガルホーンらによると、まず、人々が異文化環境下に移動したとき、人々は新たな文化への期待感、あるいは緊張感により、その気持ちは向上しているといいます。そして、先ほどのA文化の人のように、自らとは違う価値観、文化に衝撃を受け、気持ちが混乱し、最初の高揚感は段々減っていきます。この、気持ちが最も下がった状態が、まさにカルチャー・ショックを受けている段階といえるでしょう。そして、その段階が過ぎ、

新しい文化に慣れ親しんでくる頃、帰国に至るというわけです。

　ところが、これには続きがあって、帰国後、新しい文化に慣れたはずの自分が、自らの慣れ親しんだ文化に戻る時、またも衝撃を受けるといいます。つまり、自分が新しい文化に慣れていったことにより、自分自身の価値観やアイデンティティに変化が生じたことをここで悟るわけです。例えば、先ほどのQuestion 14 の話で、「赤色の服を着なければならない」A文化から、服の色にこだわらないB文化で長らく生活し、すっかり服の色に頓着しなくなったとします。その人が、A文化に戻った時、A文化の国の人が全員赤色の服装を纏っている姿を見て、衝撃や違和感を覚える、というようなことです。自らの慣れ親しんだはずの文化を、いわばB文化の視点から見るようになり、違和感を持ったり、適応することが難しいと感じたりする段階、これを、ガルホーンらは、**リエントリー・ショック**と呼んでいます。この現象は、発達段階を異文化で過ごした帰国子女、長期間異文化で生活をしていた人に多くみられるといわれています。そして、こうしたリエントリー・ショックの段階を経て、ようやく自らの文化に再び慣れていく、という感情の起伏を、下記のモデルは示しているわけですね。

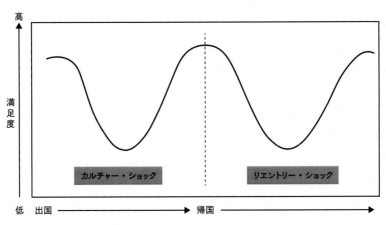

図9　W曲線（八代他、2003、p.245）

もちろん、これが全ての場合に当てはまるわけではありませんし、それぞれの人の置かれた状況により、様々な曲線もあり得ることでしょう。けれども、どのような感情の起伏が起こり得るのかということは、この曲線をたどることによって、その概要を掴むことができると思います。

　さて、ここでもう1つ、異文化に適応する心理的過程を示したアドラー（Adler, 1975）の説を紹介しましょう。アドラーの説は、どちらかというと悪い影響ばかりが目立っていたカルチャー・ショックについて、それは自己成長の過程である、というように、ポジティブにとらえたのが特徴的であるといわれています。

　アドラーによると、カルチャー・ショックを経験するということは、その文化を理解しようとし、また適応しようとしている証である、ということのようです。そして、アドラーの提唱する異文化適応の段階には、下記の5つがあるといいます。

> ① 異文化との接触の段階。わくわくし、興味を持っている。自文化に頼った行動をすることで、自文化によって守られていると感じている。
> ② 自己崩壊の段階。自文化と異文化の違いが目に付き始め、混乱する段階。とまどいやホームシックを感じる。文化の違いに圧倒され、自尊心を失ったり、自文化に頼ることで保っていた心理的安定がなくなることを恐れるようになる。
> ③ 自己再統合の段階。異文化に対し拒絶間を感じる段階。その文化のことがすべて嫌になり、悪口を言ったり、同じ文化に属する人とだけ付き合うようになる。
> ④ 自律の段階。ふたたびリラックスや共感を取り戻し、文化的な違い、共通点を認め、異文化に馴染んだ行動が取れるようになる。

⑤ 独立の段階。文化的な違いと共通点を受け入れ、自分がどの
ような文化に影響されているかを客観的に把握できるように
なり、状況に応じた文化に沿った行動パターンを取るように
なったり、新たな行動パターンが取れるようになる。文化の
違いをプラスに受け止め、異文化に属する人々も文化の影響
を受けていることを理解したために、ステレオタイプではなく、
1人ひとりをみることができるようになる。

(小林、2006、p.38)

アドラーの説も、全ての人がこのような段階を踏む、というわけでは
ありません。しかし、彼の言う段階を踏んでいくと、まさしく異文化間
能力を身に付けた、いわば「グローバルな人」ができあがりそうですね。
このような展開が、おそらく、先ほどのカルチャー・ショックを、良い
影響に変えることができた状態といえそうです。

先ほどから述べているように、ガルホーンらのW曲線モデルや、ア
ドラーの異文化適応の過程の説は、あくまでも多様なパターンの1つ
を示したものといえます。カルチャー・ショックの経験は、ほぼ感じな
い人もいれば、そのまま病気になってしまう人もいるというふうに、人
によって差があります。

では、病気になってしまった人は、カルチャー・ショックの悪い影響
ばかりを受け、その経験を良いものにできない、ということになるかと
思うかもしれませんが、そうではありません。病気になるほどの困難を
味わうことによって、自らが何を求めているのかが分かることもありま
す。この本を読んでいる皆さんに強調しておきたいことは、その**病が回
復不能なほどに悪化する前に、自らの心身の症状を客観的にとらえ、異文
化環境で自分はやっていけるかどうかを判断する力が重要**だということ
です。カルチャー・ショックに関する研究を学習する理由は、そこにあ

るといってもいいかもしれません。もしも、異文化環境下で経験するカルチャー・ショックが、乗り越えられそうなものならそれで結構ですし、もしも自分には厳しすぎると思うなら、どう行動すべきかを冷静に考え、判断することが重要になってきます。そうした力を身に付けることこそ、アドラーのいう自己成長の1つであり、異文化間能力を身に付ける第1歩といえるのではないかと考えます。

Question 15

あなたは、今までずっと憧れていた海外の大学に進学することになり、3年間住むことになりました。その国の言葉も身に付け、大学でも友人ができました。指導教官は厳しい先生で、個別指導はとても緊張し、話しづらいと感じることもあります。けれど、大学の勉強とは厳しくて当然なのだろう、と思い、あまり深く考えないようにしています。冬はとても寒くて日照時間の少ない国ですが、それなりに慣れているつもりです。

ただ、こちらに来てからというもの、絶え間なく腹痛があり、食欲もありません。昔から何かあるとお腹の調子が悪くなるのですが、自分では何か悪いものを食べた記憶はありません。

さて、この状態が、この国に来てから約半年間続いています。2軒の内科に行きましたが、いずれも特に問題はないと言われました。この症状の理由は、何だと思いますか？また、この後、あなたはどのような行動に出ますか？

どのような行動に出るかは、人によってそれぞれ違いがあると思います。なるべく胃腸に負担のないものを食べるようにしてみる、何かしらの薬を試してみる、違う病院に行ってみる、友人に相談する、厳しい指

導教官の交代を依頼してみる、あるいは一時帰国してみる等々、とにかくなんとかしてこの症状を改善しようとするのではないでしょうか。ちなみに、気候も心身に影響を与えるものといわれていて、季節性情動障害（Seasonal Affected Disorder, SAD）という病気もありますから、心療内科に行くという方法もあるかもしれませんね。いずれの方法にせよ、その理由が何かをなんとかして突き止めようと思うものと思います。

　もしも、放っておく、という行動を取る場合は、注意が必要かもしれません。放っておいて治るものなら、とっくに治っているであろう期間ですし、身体が何らかの症状を訴えているのを無視し続けては、ひょっとすると、深刻な病を放っておいたということになりかねず、かえって自分を傷つけ、かつ周囲に迷惑をかけることになりかねません。**異文化環境下で自立した生活を送るということは、自分自身の体調管理にも気を遣うということになります。**このシミュレーションの症状がカルチャー・ショックから来るものなのかどうかは不明ですが、異文化環境下で目的を達成するには、**自文化にいるとき以上に冷静に、そして賢明に判断し行動する力が求められる**ということを覚えておきましょう。

● カルチャー・ショックの影響 ●

　筆者が留学して1年が過ぎ、新たな留学生が入学してきた時のことです。友人の部屋に行くと、ある国からやって来た女の子がいました。その子は、ひたすら泣いていました。どうしたのかと話を聞くと、自分の国に帰りたい、と言うのです。いわゆるホームシックかな、と思ったのですが、よくよく聞くと、その子は、海外生活が長く、大学も本人の出

身国とは別の国で卒業していると言います。ホームシックを起こすような、海外生活の経験の少ない子でもないような気がしましたし、きっとすぐに慣れることだろう、と思っていました。けれど、その後もよく泣いている姿を見かけました。印象的だったのは、とにかく涙が止まらないことでした。彼女の顔といえば、筆者は泣き顔しか思い出せません。文字通り涙がとめどなく溢れる様子は、我がままだとか、寂しがり屋だとかいう性格上の話の次元を超えたような、非常に深刻な雰囲気でした。

　その後、ほどなくして、その子が国に帰った、という話を聞きました。筆者が驚いたのは、すでに出身国以外での海外滞在経験が長いにもかかわらず、訪問先と自分の何かしらが合わないと、耐えられないほどのパニックを引き起こすことがある、ということでした。ひょっとすると、留学前後に、パニックを誘発するような、何か個人的な理由があったのかもしれません。そうだとしても、まさかここまでの状態に自分がなるとは思わずに、最終的には自ら選択してやって来たのに違いありません。とはいえ、症状がひどくなる前に帰国した彼女には、自らの心身の状態を客観的に見つめる力がまだ残っていたのでしょうね。この人は、本人にとって正しい判断をしたのだと思います。

　このように、カルチャー・

ショックは、本人の予想をはるかに超えた影響をおよぼしかねないものであり、海外滞在経験が長いから大丈夫、とは決していえないもののようです。カルチャー・ショックの影響の大きさを目の当たりにした出来事でした。

第5章

異文化理解のこれから

1 ▶ 異文化理解に関するこれから

（1）異文化コミュニケーションをよりよいものにするための教育

　さて、ここまで、異文化コミュニケーションに関する基礎的事項を紹介してきました。異文化間でコミュニケーション活動を行うには、外国語の運用能力だけではなく、異文化環境下で目的を達成しつつ良好な人間関係を築き、自身の心理的ストレスにも耐えうるような能力も重要なことが分かっています。そして、どの段階においても、異なる文化的背景を持つ人々を理解しようとし、コミュニケーションを取ろうとする心がその根底に必要となってくることを説明しました。

　また、個人の持つ文化的背景が、コミュニケーションに影響を及ぼすということも学びました。個人の持つ文化的背景は、コミュニケーションのスタイルに加え、その人の持つ信念や価値観だけでなく、個人的なアイデンティティにも影響を及ぼすことが分かっています。そして、自分が慣れ親しんでいるものとは異なる文化に出会った時の衝撃は、人によって千差万別であり、ほとんど感じない人もいれば、心身を病んでしまうこともある、ということを説明しました。

　このように見ていくと、異なる文化であれ、異質性であれ、違いを相対的にとらえる世界観、新たな価値観を創造する力などの、全人的な資質および人間性に関わる能力を育むことが、ますます重要になってくるということが分かってきたのではないかと思います。

　何度も述べているように、このような異文化間能力は、一朝一夕では中々身に付けられるものではなさそうです。異文化コミュニケーションの学びは、異文化の人とうまくコミュニケーションを取る、ということが前面に出ていますが、その背景には、さまざまな学問体系に関わる学びが必要になってくる、広くて深い内容だと述べました。異文化という

くくりに限らず、様々な学問を通し、見聞を広めましょう。そのことによって、異文化間能力の基礎部分ができるはずです。

　また、異文化間でコミュニケーション活動をするということは、本来、試行錯誤の過程そのものであり、「どれが正しい」という答えはない、と述べました。だからこそ、あらゆる場面を想定し、臨機応変に対応することも必要になってきます。そのためには、異文化を理解するための基礎的な知識に加え、物事を柔軟に、かつ客観的に考える力を鍛えることも重要ですし、より実践的な能力を鍛えることが求められます。

　さて、ここでは、異文化間能力のうち、コミュニケーション能力や心理的な柔軟性をより実践的に鍛えようという教育的なアプローチを少し紹介したいと思います。異文化環境下に身を置いたときに、自らがどのような反応を示すのかは、行ってみなくては分かりません。けれども、そうした状況を疑似体験することで、自らの心理的反応を客観的に見つめたり、より早く柔軟に異文化環境下に慣れたりするための練習をすることは可能です。また、異文化環境下にあると想定して、コミュニケーションの練習をすることも可能でしょう。

　こうした経験的学習による練習の部分をより強調して利用され始めたのが、異文化トレーニングです。異文化トレーニングを効果的に行うことで、異文化間能力のうち、より実践的な能力を養うことが可能だと考えられています。歴史的には1950年代、アメリカへの移民に対する適応についての研究から始まり、その後、ベトナム戦争をはじめ、発展途上国へのアメリカ人の派遣が重なると、1960年代頃からは、アメリカ人が異文化に適応するための練習・訓練（トレーニング）が始まるようになりました。この頃の手法が、現在の異文化トレーニングにて用いられている教育方法の起源と考えられています（加藤、2009）。その方法はおよそ下記のとおりです。

異文化トレーニングの方法

① ロールプレイ

お互いの役割を決め、人間関係での役割を体験すること。

② シミュレーション

ある場面を想定し、その中で与えられた役割でどんな行動をするか学ぶ。

③ カルチュラルアシミレーター

人々の文化背景が異なることから問題を起こすシナリオが示され、登場人物が取った行動について考え、どの答えがあっているかを考える。これを通し、相手の解釈・判断をまなぶことができる。

④ DIE方法

事実の描写、解釈、評価の仕方を学ぶ。

（小林、2006、p.66 を元に作成）

　上記の異文化トレーニングの方法は、専門家による優れた内容のものが数多く紹介されています（Thiagarajan, 1995, 2006; 八代他、2001; Pedersen, 2004; Hansen, Torkler and Venegas, 2019 ほか多数）。また、たくさんの異文化接触場面を提供し、いわば脳内における経験的学習を補助するための、Information and Communication Technology（ICT）を用いた異文化トレーニング学習支援システムの研究も進められています。筆者の研究しているeラーニング上の異文化トレーニングの場合は、対面授業との相互補完的なブレンディッド教育を行うことができるよう作成されていて、オンライン上で多くの学習者がこの学びを共有すると、自分の書いた意見のみならず、他の学習者の意見を瞬時に知ることができるという利点があります。たくさんの異文化接触場面を疑似体験し、自分自身のことを知り、多様な他者の意見を学ぶことで、学習者の視野

が広がると考えられ、その教育的効果も確認されています（加藤、2013）。もしも、海外へ行く前にこのような準備をする時間があるのなら、この異文化トレーニングを多く利用することも、心理的な負担を下げる効果が期待できるかもしれません。

これまで、異文化コミュニケーションの基本は、お互いを理解しようという気持ちがとても大切といいました。そこには、少しずつお互いに歩み寄る姿勢が重視されます。その行動には、自らの文化的・社会的アイデンティティや、自己の利益に対する危機をもたらす可能性が伴うかもしれません。異文化トレーニングは、そういった場面を想定して行われますので、被験者によっては、かなりの感情の起伏を経験することがあります。けれども、これはあくまでも練習であり、この練習により、自覚していなかった自分の一面を知る機会にもなります。その場合には、異文化トレーニングを実践する人の力量も求められますし、本人が冷静な振り返りを行うことが求められるでしょう。このように、場合によっては注意が必要になってくる経験的学習方法ですが、異文化トレーニングの学びは、自らの価値観を広く深くする機会ともなり得るものといえそうです。

（2）司法や行政・教育・医療等における様々な整備の重要性

最後に、異文化を理解することに関して知っておくべき重要なことをここで示していきたいと思います。様々な学問体系や経験を通して異文化間能力を育む努力をしたにもかかわらず、前章のColumnで示した通り、仮に自分には異文化がどうしても合わない、ということになったとします。この時点で、元の文化に帰れる人はそれで問題は解決に近づくでしょう。つまり、苦痛に感じている異文化環境下に滞在し続けなければならない理由が、自分の意思で制御できるものなら、その目的の遂行を中止する、あるいは変更するという手段も選べるのです。無理に我慢

をし続けて、冷静な判断もできなくなってしまうほどの、取り返しのつかないような病にかかるよりはずっと賢明な選択といえそうです。

　しかし、責任感や義務感が強すぎて、そのような選択をできない人もいます。また、退路を断たれた状態で異文化環境下に身を置く人もいます。自らの国が大変な飢饉に見舞われている、戦闘状態である、政治的理由により生命の危機にさらされている状態である…理由は様々です。このように、異文化環境下に暮らすことなど想定もしていなかったところへ、そのような状況に身を置かざるを得ない人もいるのです。

　もちろん、筆者も、そしてこれを読んでいる皆さんも、そのような立場にならないなどという保証はありません。地球規模において取り組むべき問題が頻発し、それらの諸問題、すなわち環境問題、貧困と開発、民族・国家間の紛争と平和問題などにおいて、国家間での協議の必要性が増し、科学技術の発達により過去にない速度で情報交換やコミュニケーションを取ることが可能となり、また同時にかつてない多勢の人間が、仕事あるいは余暇の目的などにおいて、迅速にそして広域にわたって移動することが可能となり、またそのことによって様々な国の人々と接触する機会が増え、多様な価値観を持ち合わせる移住者が各国で増加する、というようなグローバル時代において、望むと望まざるに関わらず、異文化環境下で在住することは誰にとってもあり得ることです。

　これまで、異文化間能力や、コミュニケーション・スタイル、カルチャー・ショックなどの、異文化理解について学ぶうえで重要になってくる、個人の内面的な能力を中心に見てきました。しかし、異文化と接触するうえで引き起こされる問題は、個人的に解決できるものばかりではありません。

　1人の海外出身者が別の文化において、健康的で意義のある暮らしをするには、その国に住む人々や地域の人々と関わり、彼らの支援を受けることが多かれ少なかれ必要になるものです。社会生活を送るうえで接

触することになる人々とは、例えば、その国における自分の法的な地位を保障するための法律業務を扱う司法書士や弁護士、働いているのなら会社の同僚だけでなく労働に関する業務を扱う社会保険労務士、そしてそれらの手続きを行うことになる地方自治体などの行政機関、子どもがいるなら主に学校教育に携わる教師、心身の健康を維持するための医師、そして、日々の生活を送るうえで常に交流することになる地域住民、という人々がそれにあたるでしょう。異文化における有意義な生活を送るには、個人の内面的な問題の理解だけではなく、異文化環境下における司法や行政、教育、医療、そして地域による社会的な支援も重要になってきます。

　さて、第1章1（4）で既に述べたように、日本在住の海外出身者は、増加傾向にあります。また、日本に住む海外出身者への理解を深めることは重要である、ということも示されてきました。これからの異文化理解を考えるとき、自分の出身国、あるいは自分が現在住んでいる国および地域社会が、異文化に対しどのような態度なのかということを知ることはとても重要なことです。このような学びについては、また別の機会で紹介していきたいと思います。

　これまで皆さんは、異文化コミュニケーションに関する学びを通し、異文化を理解するための基礎的な学びを進めてきました。これからは、より実践的な学びも必要になってくるでしょう。また、異文化に対する社会のありようについても見つめることが重要です。既に述べたように、異文化理解の学びは、広くて深い内容です。本書を読み終えたことによって、異文化間能力は身に付きませんし、まだ十分に異文化を理解したということにはなりません。ここから先、ここで学んだことをもとに、異文化をより深く理解し、そして異文化間におけるコミュニケーションをより良いものにするために、さらに学びを深め、皆さんがどう行動するかがとても重要であるということを覚えておいてください。

● 身近なところから ●

　筆者は、海外滞在時、地元の人との交流は特にはしていなかった方ですが、それでも、些細なことで地元の人に何度も助けられたことがあります。

　まだイギリスに到着して間もない頃のことです。間違ったバスに乗ってしまい、行けども行けども、目的地から離れていってしまったことがありました。途中、これではまずいと思い、降りてしまいました（今思うと、最終地まで行って、折り返しのバスに乗ればよかったのですが）。しかし、逆方向のバスは全く来ません。途方に暮れていた時、1台のタクシーが、バス停付近の家で人を降ろしていました。これ幸いと、自分を目的地まで送ってくれないかと頼んだところ、悪いけど、別の予約が入っていて、方向が違うから連れて行けないよ、と言われてしまいました。タクシーが去ってしまい、どうしたものかと立ち尽くしていたところ、1分もしない間にそのタクシーが戻ってきて、笑顔で、乗っていいよ、と言ってくれたのでした。予約はいいのかと聞くと、不安そうだったし、この辺はバスも少ないし、予約は別の人に行ってもらうことにしたから大丈夫だよ、というのでした。

　同じようなエピソードを、海外出身の人からも聞いたことがあります。あるイギリス人女性が、日本で自転車旅行をしていました。彼女は、途中、田舎の里山で迷子になってしまい、地元の女性に道を尋ねたそうです。そして、言われるままの方向へ自転車を走らせ、しばらくした時、さきほどの地元の女性の乗った車が、後ろから追いかけてきて、イギリス人女性を呼び止めました。地元の女性が言うのには、あなたに間違っ

た道を教えてしまった、この先は誰もいないし何もないので、心配であなたを追いかけてきたのです、ということでした。

こうした経験は、何十年経っても忘れられないもので、筆者はいまだにその親切に感謝しています。このイギリス人女性にとっても、忘れられないエピソードとなったことでしょう。きっと、これを読んでいる皆さんにも、似たような経験があることと思います。

困った時は助け合うという行動は、肌の色などの見た目の違いや言葉の壁をたやすく乗り越えることがあります。旅人は、同じ社会に住む人とまではいえないでしょうけれど、困っている人を見逃さず、コミュニケーションを取ろうとすることは、人としてとても自然なことなのではないかなと思います。異なる文化に長期滞在をする海外出身者には、多かれ少なかれ、何かしらの支援が必要になってくるものです。このエピソードのようなささやかな交流の積み重ねが、他者に対する思いやりや優しさを発揮できるような社会、いわゆる多文化共生社会の形成へとつながるのでは…と期待してやみません。

索引

第 1 章　参考文献

Office for National Statistics. (1999) *Population Trends*. London: Stationary Office.

Kato, Y (2001) *Education for the Global Age.* Ph.D. thesis, University of York.

加藤優子（2009）「異文化間能力を育む異文化トレーニングの研究：高等教育における異文化トレーニング実践の問題と改善に関する一考察」『仁愛大学研究紀要人間学部篇』8、13-21

Kato, Y (2019) A Report on Students' Views about Japanese Secondary Education for the Global Age in 1999 and 2019: The Basic Research for Developing Learning Content for the Original E-Learning Programme of Intercultural Training. *The European Conference on Education 2019: Official Conference Proceedings*, 11-23.

近藤裕（1981）『カルチュア・ショックの心理』創元社

新村出（編）（2018）『広辞苑　第七版』岩波書店

鈴木有香・八代京子・吉田友子（2009）「「阿吽の呼吸」が終焉する時代・平成不況後に企業が求める異文化間コミュニケーション能力」『異文化間教育』29、16-28

内閣府（2018）「経済財政運営と改革の基本方針 2018」[Online] Available from: https://www5.cao.go.jp/keizai-shimon/kaigi/cabinet/2018/decision0615.html [Accessed 26 June 2019]

日本学生支援機構（2018）『平成 30 年度「海外留学経験者追跡調査」報告書』[Online] Available from: https://ryugaku.jasso.go.jp/link/link_statistics/link_statistics_2019/ [Accessed 7 January 2020]

Mehrabian, A. (1971) *Silent Messages*. Belmont, CA: Wadsworth Pub.

Nishida, Hiriko (1985) Japanese Intercultural Communication Competence and Cross Cultural Adjustment. *International Journal of Intercultural relations*, 9, 247-269.

プリブル、チャールズ（2006）『科学としての異文化コミュニケーション：経験主義からの脱却』ナカニシヤ出版

法務省（2002）「平成 13 年末現在における外国人登録者統計について」
　　[Online] Available from: http://www.moj.go.jp/nyuukokukanri/kouhou/
　　press_020611-1_020611-1.html [Accessed 26 June 2019]

水田園子（1989）「異文化トレーニング」西田司・西田ひろ子・津田幸男・水田園
　　子著『国際人間関係論』聖文社 234-259

村内重夫（2015）「異文化ストレスと日本の医療システム」『多言語・多文化社会
　　専門人材育成講座』（東京外国語大学、2015 年 7 月 23 ～ 26 日）における資料。
　　未発行

八代京子・山本喜久江（2006）『多文化社会の人間関係力』三修社

山岸みどり・井下理・渡辺文夫（1992）「異文化間能力測定の試み」『現代のエス
　　プリ 299』至文堂 201-214

山岸みどり（1995）「異文化間能力とその育成」渡辺文夫編著、『異文化接触の心
　　理学』川島書店 209-223

第 2 章　参考文献
石井敏・久米昭元・遠山淳・平井一弘・松本茂・御堂岡潔（編）（1997）『異文化
　　コミュニケーション・ハンドブック』有斐閣

石井敏・久米昭元・浅井亜紀子・伊藤明美・久保田真弓・清ルミ・古家聡（編）（2013）
　　『異文化コミュニケーション事典』春風社

占部匡美（2011）「日本語教育史における入門期教科書の基礎語彙 1」『福岡国際
　　大学紀要』25、81-87

Ekman, P. and Friesen, W. V. (2003) *Unmasking the Face: A Guide to Recognizing
　　Emotions from Facial Clues*. Cambridge, MA: Malor Books.

大倉美和子（1990）「日本語とスペイン語の語彙の対照」玉村文郎（編）、『講座
　　日本語と日本語教育第 7 巻・日本語の語彙・意味（下）』明治書院 27-53

沖森卓也・木村義之・陳力衛・山本真吾（2006）『図解日本語』三省堂

北岡明佳（2014）『錯視入門』朝倉書店

北直美（1995）「日本語教育における待遇表現の研究」『北陸大学紀要』19、311-320

窪田富男（1989）「基本語・基礎語」玉村文郎（編）、『講座日本語と日本語教育第6巻・日本語の語彙・意味（上）』明治書院 141-166

Gudykunst, W. B. and Ting-Toomey, S. (1988) Culture and Interpersonal Communication (Sage series in interpersonal communication). CA: Sage Publications, Inc.

篠田功・磯野秀明（1996）「情報とコミュニケーションに関する考察」『川村学園女子大学研究紀要』第7巻、第2号、1-16

Selfridge, O. G. (1955) Pattern Recognition in Modern Computers. *Proceedings of the Western Joint Computer Conference*, 91-93.

Ting-Toomey, S. (1999) *Communicating across Cultures*. New York: Guilford Press.

Knapp, M. L., Hall, J. A., Horgan, T. G. (2013) *Nonverbal Communication in Human Interaction, 8th ed.* Wadworth: Cengage Learning.

Nixon, Y. and Bull, P. (2006) Cultural Communication Styles and Accuracy in Cross-Cultural Perception: A British and Japanese Study. [Online] *Journal of Intercultural Communication*, Issue 12. Available from: http://www.immi.se/intercultural/ [Accessed 26 August 2019]

Nixon, Y. (2009) *Nonverbal Perceptual Styles of British and Japanese People: A Study of Cultural Influences and Perception Training*. Riga: VDM Verlag.

新村出（編）（2018）『広辞苑　第七版』岩波書店

Birdwhistell, R. L. (1970) *Kinesics and Context: Essays on Body Motion Communication*. Philadelphia: University of Pennyvania Press.

ピーズ・アラン、ピーズ・バーバラ（著）、藤井留美（訳）（2006）『本音は顔に書いてある：〈言葉の嘘〉と〈しぐさの本音〉の見分け方』主婦の友社

Fitzgerald, H. (2003) *How different are we? Spoken Discourse in Intercultural Communication: the Significance of the Situational Context*. Clevedon: Multilingual Matters.

深谷昌弘・田中茂範（1996）『コトバの＜意味づけ論＞』紀伊国屋書店

福井康之（1997）『まなざしの心理学－視線と人間関係』創元社

プリブル、チャールズ（2006）『科学としての異文化コミュニケーション：経験主

義からの脱却』ナカニシヤ出版

Bull, P. (1987) *Posture and gesture, 1st ed.*, Oxford: Pergamon Press.

Bruner, J.S. & Minturn, A.L.(1955) Perceptual Identification and Perceptual Organization. *Journal of General Psychology 53*, 21-28.

Hall, E.T. (1966) *The Hidden Dimension*. N.Y.: Anchor Books.

Hall, E. T. (1976) *Beyond Culture*. N.Y.: Anchor Books.

御手洗昭治（2000）『異文化にみる非言語コミュニケーション―Vサインは屈辱のサイン？』ゆまに書房

Mehrabian, A. (1971) *Silent Messages*. Belmont: Wadsworth.

宮本敏夫（2002）『脳のはたらき－知覚と錯覚』ナツメ社

八代京子・町恵理子・小池浩子・磯貝友子（2003）『異文化トレーニング－ボーダレス社会を生きる』三修社

第3章　参考文献

石井敏・久米昭元・浅井亜紀子・伊藤明美・久保田真弓・清ルミ・古家聡（編）(2013)『異文化コミュニケーション事典』春風社

Kato, Y. (2020) A Report on International Students' Views on Japanese Culture: the Preliminary Research on the Development of Learning Content and Effective Teaching Methods for Intercultural Training. *International Journal of Interdisciplinary Social Science Studies*, 6(1), 31-38.

Gudykunst, W. B. (1993) *Communication in Japan and the United States*. Albany: State University of New York.

Kohls, R. and Knight, J. (2004) *Developing Intercultural Awareness: A Cross-Cultural Training Handbook*. 2nd ed., Boston: Nicholas Brealey.

Stringer, D. and Cassiday, P. (2003) *52 Activities for Exploring Values Differences*. Boston: Intercultural Press.

都村敦子（2002）家族政策の国際比較」国立社会保障・人口問題研究所編『少子化社会の子育て支援』東京大学出版会

Ting-Toomey, S. (1999) *Communicating across Cultures*. New York: Guilford Press.

Dale, P. N. (1990) *The Myth of Japanese Uniqueness*. London; Routledge.

永井暁子（2005）「紹介 スウェーデンにおける男性の働き方と子育て（特集 仕事・出会い・結婚）」『日本労働研究雑誌』47(1), 56-62. 労働政策研究・研修機構

プリブル、チャールズ（2006）『科学としての異文化コミュニケーション：経験主義からの脱却』ナカニシヤ出版

Hofstede, G., Hofstede, G. L., Minkov, M. (2010) *Cultures and Organizations: Software of the Mind, 3rd ed*. London: McGraw Hill.

Hofstede, G. (2019) Dimension data matrix. [Online] Available from: https://geerthofstede.com/research-and-vsm/dimension-data-matrix/ [Accessed 20 June 2019]

Hofstede Insights (2019) Country Comparison. [Online] Available from: https://www.hofstede-insights.com/country-comparison/japan/ [Accessed 20 June 2019]

第4章　参考文献

Adler, P. (1975) The Transitional Experience: An Alternative View of Culture Shock. *Journal of Humanistic Psychology*, vol. 15, 4: 13-23.

池上知子（2014）「差別・偏見研究の変遷と新たな展開：悲観論から楽観論へ」『教育心理学年報』53、133-146

岩崎信（2004）「スキーマによる人間行動と認知の解釈：一般化スキーマ理論に向けて」『教育情報学研究』2、23-40

碓井真史（2019）「1 世の中を見る目、人を見る目4）ひとを見る目、対人認知の心理 1 あの人はどんな人？」『心理学総合案内こころの散歩道』[Online] Available from : http://www.n-seiryo.ac.jp/~usui/deai/014taijinninti.html/ [Accessed 20 July 2019]

太田壮哉（2012）「期待マネジメント—マーケティング・コミュニケーションによる顧客満足の事前統制—」『経営学研究論集』36、223-242 [Online] Available from : http://hdl.handle.net/10291/16168/ [Accessed 20 July 2019]

小野寺敦子（2003）「親になることによる自己概念の変化」『発達心理学研究』14（2）、
　　180-190

Gullahorn, J. T., and Gullahorn, J.E. (1963) An extension of the U-curve hypothesis.
　　Journal of Social Issues, 19, 33-47.

釜屋 健吾・結城 雅樹（2008）「社会構造が原因帰属に与える影響－関係流動性に
　　着目した比較社会分析」『日本心理学会大会発表論文集』日本心理学会第 72 回
　　大会書誌、258 [Online] Available from: https://doi.org/10.4992/pacjpa.72.0_
　　3PM190 [Accessed 26 August 2019]

川端美樹（1995）「自文化中心主義と偏見」渡辺文夫編著、『異文化接触の心理学』、
　　川島書店 183-194

北山忍（1994）「文化的自己観と心理的プロセス」『社会心理学研究』10（3）、153-l67

小林智之・及川昌典（2018）「メタステレオタイプと平等主義的な信念が集団間相
　　互作用に及ぼす影響」『心理学研究』88（6）、574-579

小林由子（2006）『NAFL 日本語教師養成プログラム 9：異文化理解と心理』アルク

辻内琢也・河野友信（1999）「文化人類学と心身医学」『心身医学』39（8）、585-593
　　[Online] Available from: https://www.jstage.jst.go.jp/article/jjpm/39/8/39_
　　KJ00002387073/_article/-char/ja/ [Accessed 10 July 2019]

根橋玲子（1999）「心理的要因」西田ひろ子編（1999）『異文化間コミュニケーショ
　　ン入門』創元社 101-121

松山一紀（2010）「組織に対する帰属意識が従業員の心の健康に及ぼす影響」『商経
　　学叢』56（3）、639-654

箕浦康子（2003）『子供の異文化体験：人格形成過程の心理人類学的研究』新思索社

村内重夫（2015）「異文化ストレスと日本の医療システム」『多言語・多文化社会
　　専門人材育成講座』（東京外国語大学、2015 年 7 月 23 ～ 26 日）における資料。
　　未発行

横田雅弘（1995）「日常における異文化接触（Ⅰ）―留学生との出会いから―」
　　渡辺文夫編著『異文化接触の心理学：その現状と理論』川島書店 3-12

第5章　参考文献

加藤優子（2009）「異文化間能力を育む異文化トレーニングの研究：高等教育における異文化トレーニング実践の問題と改善に関する一考察」『仁愛大学研究紀要人間学部篇』8、13-21

加藤優子（2013）「ICTを用いた異文化トレーニング教育支援システムの研究：高等教育における実践について」『異文化コミュニケーション』16、27-43

小林由子（2006）『NAFL日本語教師養成プログラム9：異文化理解と心理』アルク

Thiagarajan, S. (1995) *Diversity Simulation Games*. MA: HRD Press.

Thiagarajan, S. (2006) *Barnga: A Simulation Game on Cultural Clashes*. London: Intercultural Press.

Hansen, E., Torkler, A., Venegas, B. C. (eds.) (2019) *SIETAR Europa Intercultural Training Tool Kit: Activities for Developing Intercultural Competence for Virtual and Face-to-face Teams*. 2nd ed., Norderstedt: Books on Demand.

Pedersen, P. B. (2004) *110 Experiences for Multicultural Learning*. Washington, DC: American Psychological Association.

八代京子・樋口容視子・コミサロフ喜美・荒木晶子（2001）『異文化コミュニケーションワークブック』三修社

加藤 優子　Yuko Kato

東京都出身。英国ヨーク大学大学院教育学研究科博士課程修了。Ph.D.（教育学）。専門は異文化間教育学。東洋英和女学院大学・福井県立大学・福井大学大学院工学研究科非常勤講師、英国ヨーク大学教育学研究科教育心理学研究センター客員研究員などを経て、現在、仁愛大学人間学部コミュニケーション学科教授。主な論文に、「異文化間能力を育む異文化トレーニングの研究：高等教育における異文化トレーニング実践の問題と改善に関する一考察」仁愛大学研究紀要人間学部篇第 8 号、A Report on International Students' Views on Japanese Culture. *International Journal of Interdisciplinary Social Science Studies*, 6(1)、「ICT を用いた異文化トレーニング教育支援システムの研究：高等教育における実践について」異文化コミュニケーション第 16 号などがある。

やさしい異文化理解

2021 年 4 月 8 日　初版発行

著　者　　　加藤 優子

イラスト　　泉 麗香

発 行 所　　株式会社　三恵社
　　　　　　〒462-0056 愛知県名古屋市北区中丸町 2-24-1
　　　　　　TEL 052-915-5211　FAX 052-915-5019
　　　　　　URL https://www.sankeisha.com